新編 生命の實相 第63巻

仏教篇

いのちの解脱

下

谷口雅春

Masaharu Taniguchi

光明思想社

編者はしがき

本書「仏教篇」(下)は『華厳経』と『大日経』が主に取り上げられている。『華厳経』は華厳宗の根本経典であり、奈良時代に建立された東大寺が大本山である。そして、『大日経』は弘法大師が日本で真言宗を開いたときの根本経典である。

この二つの経典について谷口雅春先生は次のように説かれている。

「この『華厳経』の『華厳』というのはどういう意味であるかといいますと、蓮華荘《れんげしょう》厳《ごん》の意味であります。無限に美しく、蓮《はちす》の華《はな》の相《すがた》に飾られた世界であるという意味でありあります。仏教家は往々、実相を『空《くう》』と説かれますが、実相の世界は空《くう》ではないのであって、無限に美しい世界である、蓮華荘厳《れんげしょうごん》の世界であると生長の家では説くのであります。それをお説きになったのがこの『華厳経』であります」（五八頁）

「お釈迦様が成道《じょうどう》第二七日《にななぬか》目にお説きになった『華厳経』の中にはちゃんと『法華経』の真理も『大無量寿経』の真理も説いてあるのであります。『華厳経』の中には全てのお経がその中に説かれているのであります。説かれてあるけれども、それが弟子達には、この大乗の経典がわからなかったので、まだ時節が来ていないというので、もう一遍やさしいところから説こうと、『阿《あ》含経《ごんぎょう》』などをお説きになったわけであります」（五九～六〇頁）

釈迦が二千四百年ほど前にインドで悟りを開き、その教えが主にアジアに広まり、日本には六世紀に伝わったとされている。その仏教という「教え」がいかに奥深いもので、そして谷口雅春先生の「人間・神の子」の教えと同じく、「人間・仏の子」を説く教えであることが本書に説かれているのである。

しかし、キリスト教が二千年の時を経て、イエスの教えの中に〝迷い〟が忍び込み、いつしかイエスの「人間・神の子」の真理が「人間・罪の子」という一八〇度真逆の信仰にすり替えられたように、仏教もまた、二千四百年を経るうちに死者を弔《とむら》う「葬式仏教」と揶揄《やゆ》されるほどに変質したが、しかし、本来のキリスト教と仏教は、実に尊い「人間救いの教え」であることを、谷口雅春先生は説き続けて来られたのである。

谷口雅春先生は釈迦が説いた仏教の「真の教え」を次のように説明されている。

「人間成仏《じょうぶつ》の思想は大乗仏教の根本思想であります。人間がもし成仏しないものならば仏教というものは成立《なりた》ちません。仏教というものは『仏の教え』であるという意味をもっていると同時に、それを聞いて人間が『仏に成る教え』或は仏の教えの通りに実践して人間が仏に成る――その『仏に成ることを教える教え』だという意味を持っているのであります。すなわち仏教は畢竟《ひっきょう》ずるに、人間成仏教でなければならないのであります」（七六〜七七頁）

そして谷口雅春先生は、「仏」とは如何なるものかを次のように説かれる。

「『内部の本然《ほんねん》の自由性』又は『内部の根本自由』を称して『ホトケ』と称するのでありま す。『涅槃経《ねはんぎょう》』に『解脱《げだつ》をもって仏となす』という句がありますが、今迄無縄自縛《むじょうじばく》していたところの自己本然の『根本自由』を完全に解放し得たものがホトケ（解《ほど》け）即ち仏陀《ぶつだ》なのであります」（八一〜八二頁）

そして、谷口雅春先生は『大日経』の解釈にも及んでいく。

「実相は金剛法界《こんごうほっかい》でありながら現象から見ればそれは見えない。だからそれは秘密蔵《ひみつぞう》の世界であり、その秘密蔵の世界と人間とを教えるのが密教なのであります。この秘密蔵の世界を指示した経文が『大日経』でありますが、釈迦成道後の第一説法たる『華厳経』はこの秘密蔵の世界を開示したものであって、だから仏教本来は秘密蔵の実相世界を開示する教えだともいえるのであります」（九一頁）

「即身成仏《そくしんじょうぶつ》」という言葉は真言密教ではキーワードの一つであるが、この言葉は以下のように理解すべきであると谷口雅春先生は述べておられる。

「真言密教で説くところの即身成仏とは如何《いか》なるものであるか。普通は『この父母所《ふぼしょ》生身《だからだ》・即証大覚位《そのままほとけとなる》』――この肉身《にくしん》のままに仏になることだと考えられているのであります。しかし何故《なぜ》、人間が即身《そくしん》そのままで仏になることが可能であるかといえば、人間がその本質に於いて仏であるというよりほかに解決の道はない。成仏《じょうぶつ》はこれから成る仏ではなくして、已成《いじょう》の仏である。已《すで》に成れる仏が、ただ観《かん》と、念との作用によって現実化するのであります」（一三〇頁）

これから仏になるのではない、これから修行して仏になるのではない、既に仏なのである、既に仏であるから救われているのである、如何に自分の現実が悲惨な姿であろうとも、自分は「仏の子」であり、既に救われており、既に幸福なのである。これが『大日経』の示す真理である、と谷口雅春先生は断言されている。

この真理に目覚めたとき、私たちの周りの悲惨な環境は激変し、私たちの病弱な肉体は激変する。ではこの真理をどのようにして我が物とすればいいのか。この「行《ぎょう》」は各宗教によって様々である。谷口雅春先生は次のように述べられる。

「今・此処《ここ》・永遠の世界に入《い》るよりほかに生死《しょうじ》を踏断《とうだん》し、五道輪廻《ごどうりんね》の苦趣《くしゅ》を超越する道はないのであります。これを如実《にょじつ》に観《み》るためには『観《かん》』を転回しなければならない。仏教にいろいろの観法《かんぽう》があり観行《かんぎょう》があるのはそのためであります。生長の家でも、神想観《しんそうかん》を行じ、ディバイン・サイエンス(Divine Science)でも黙想(Meditation)を行うのであります。これが唯一の生死踏断《しょうじとうだん》、久遠生命把握《くおんせいめいはあく》の道なのであります」（一〇七～一〇八頁）

釈迦が説いた真理は仏典にある。その仏典に谷口雅春先生の「生命の実相」が照射されるとき、真理と真理が溶け合い、混ざり合って、大真理の荘厳な姿が現出する。それが本篇「仏教篇」である。ぜひとも釈迦の説く真理と谷口雅春先生の説く真理とが織りなす「曼荼羅《まんだら》」を堪能して頂ければ幸いである。

令和六年五月吉日

谷口雅春著作編纂委員会

仏教篇

いのちの解脱（下）

目次

第六章　即身成仏《そくしんじょうぶつ》の真理《しんり》

第62巻・仏教篇　いのちの解脱（上）

凡例

一、本全集は、昭和四十五年～昭和四十八年にわたって刊行された愛蔵版『生命の實相』全二十巻を底本とした。本書第六十三巻は、愛蔵版第二十巻『佛教篇』を底本とした。

一、本文中、底本である愛蔵版とその他の各種各版の間で異同がある箇所は、頭注版、初版革表紙版、黒布表紙版等を参照しながら確定稿を定めた。

一、底本は正漢字・歴史的仮名遣いであるが、本全集は、一部例外を除き、常用漢字・現代仮名遣いに改めた。

一、現在、代名詞、接続詞、助詞等で使用する場合、ほとんど用いられない漢字は平仮名に改めた。

一、本文中、誤植の疑いがある箇所は、頭注版、初版革表紙版、黒布表紙版等各種各版を参照しながら適宜改めた。

一、本文中、語句の意味や内容に関して註釈が必要と思われる箇所は、頭注版を参照しつつ脚註として註を加えた。但し、底本の本文中に括弧で註がある場合は、例外を除き、その箇所のままとした。

一、聖書、仏典等の引用に関しては、明らかに原典と異なる箇所以外は底本のままとした。

一、頭注版『生命の實相』全四十巻が広く流布している現状に鑑み、本書の章見出し、小見出しの下の脚註部分に頭注版の同箇所の巻数・頁数を表示し、読者の便宜を図った。

一、本文と引用文との行間は、読み易さを考慮して通常よりも広くした。

一、本文中に出てくる書籍名、雑誌名はすべて二重カギに統一した。

仏教篇　いのちの解脱（下）

第四章　仏教《ぶっきょう》とキリスト教《きょう》とはかくして融合《ゆうごう》す（承前）

九

我《わ》が名のために、斯《か》くのごとき一人《ひとり》の幼児《おさなご》を受くる者《もの》は、我《われ》を受くるなり。然《さ》れど我《われ》を信ずる此《こ》の小さき者の一人《ひとり》を躓《つまず》かする者は、寧《むし》ろ大《おおい》な

解脱（前頁）迷いや苦しみの縛りを解いて、人間本来の神性・仏性を悟ること

仏教　世界三大宗教の一つ。紀元前五世紀頃、釈迦がインドで説いた教え。日本には六世紀中期に伝来した

キリスト教　ユダヤ教を母体としてパレスチナに興る。唯一絶対の神を奉じ、現在に至るまで欧米文化の基盤をなしている。イエス・キリストが始祖

か(斯)くして　このようにして

融合　とけ合って一つになること

頭注版㊴一〇三頁

る碾臼《ひきうす》を頸《くび》に懸《か》けられ、海《うみ》の深処《ふかみ》に沈《しず》められんかた益《えき》なり。此《こ》の世《よ》は躓物《つまずき》あるによりて禍害《わざわい》なるかな。躓物《つまずき》は必《かなら》ず来《きた》らん、されど躓物《つまずき》を来《きた》らする人《ひと》は禍害《わざわい》なるかな。若《も》し汝《なんじ》の手、または足、なんじを躓《つまず》かせば、切りて捨てよ、不具《かたわ》または蹇跛《あしなえ》にて生命《いのち》に入《い》るは、両手《りょうて》、両足《りょうあし》ありて、永遠《とこしえ》の火に投げ入れらるるよりも勝《まさ》るなり。もし汝《なんじ》の眼《め》、なんじを躓《つまず》かせば抜《ぬ》きて棄《す》てよ。（「マタイ伝《でん》」第《だい》十八章《しょう》五〜九）

イエスが「我《わ》が名のために」と言われたのは名はコトバであり、実相《じっそう》であり、真理《しんり》であります。（註《ちゅう》、イエスは「我《われ》は真理なり生命《いのち》なり」と言われた）真理を受くるためには幼児《おさなご》の心が要《い》る。その幼児《おさなご》の心をもって久遠人間《くおんにんげん》の完全《かんぜん》な相《すがた》をそのままに素直《すなお》に受けるのが、「我《わ》が名のために幼児《おさなご》を受くる者は我《われ》を受くるなり」であります。天国《てんごく》に入《い》るための躓《つまず》き物《もの》は五官《ごかん》であり、肉体《にくたい》でありますから、その五官の眼《め》が、生命《せいめい》の実相の完全さを蔽《おお》うてしまう

…かた益なり　…の方がその人の益になる

「マタイ伝」　『新約聖書』における四福音書の巻頭の書。イエスの系図・誕生・復活に至る生涯と、その教え、受難を記している

イエス　イエス・キリスト。紀元前四年頃〜紀元三十年頃。ナザレの大工ヨセフと妻マリアの子として生まれた。パレスチナで教えを宣布し、多くの奇蹟を起こした。ローマのユダヤ総督ピラトによって磔に処された

久遠　永遠

「我は真理なり…」　『新約聖書』「ヨハネ伝」第十四章にあるイエスの言葉

五官　外界の事物を感じ取る五つの感覚器官。目・耳・鼻・舌・皮膚

ならば、その五官《ごかん》の眼《め》を抉《えぐ》り出《だ》して捨てよとまでイエスは激語《げきご》しておられるのであります。それは完全《かんぜん》なる肉体《にくたい》の否定《ひてい》であり、『般若経《はんにゃきょう》』に説《と》く眼耳鼻《げんにび》舌身意《ぜっしんに》の六根六識《りくこんりくしき》の否定であり、かくてこそ「行《ゆ》き行《ゆ》きて浄土現前《じょうどげんぜん》」(羯諦羯《ぎゃていぎゃ》諦《てい》、波羅羯諦《はらぎゃてい》――『般若心経《はんにゃしんぎょう》』の陀羅尼《だらに》)するのであり、天国《てんごく》はここに実現《じつげん》し、喪失《そうしつ》したエデンの楽園《らくえん》は奪還《だっかん》され、生老病死《しょうろうびょうし》なき久遠人間《くおんにんげん》が復活《ふっかつ》して、病《やまい》ありと見え、災禍《さいか》ありと見えた現実世界《げんじつせかい》が消滅《しょうめつ》するのであります。

幼児《おさなご》の心になって、人間、神の子の真理《しんり》を素直《すなお》に受けたとき、医界難治《いかいなんち》の粟粒結核《ぞくりゅうけっかく》の如《ごと》き実質的疾患《じっしつてきしっかん》が忽然《こつねん》と消滅した事実《じじつ》が、『人生必《じんせいかなら》ず勝つ』の一章《しょう》に掲載《けいさい》してあるのでありますが、今《いま》はその本も絶版《ぜっぱん》であり、復版《ふくはん》するのもなかなか困難《こんなん》でありますので、その事実《じじつ》を簡単《かんたん》に再録《さいろく》したいと思うのであります。

神戸《こうべ》に横山美智子《よこやまみちこ》と言う婦人《ふじん》があったのです。今《いま》も(昭和《しょうわ》二十一年《ねん》五月《がつ》)生きておられまして真理の生きた証人《しょうにん》であります。横山美智子さんの七歳《さい》の

激語　興奮して激しい口調で言うこと

『般若経』　大乗仏教経典群の総称。それらを集大成したものが玄奘の漢訳『大般若経』六百巻

六根六識　六根は迷いを生じさせる眼・耳・鼻・舌・身・意の六つの器官。六識は六種の認識の作用である眼識・耳識・鼻識・舌識・身識・意識の総称

『般若心経』　『般若波羅蜜多心経』の略。『大般若経』の精髄を二六二文字にまとめた最も短い仏教経典。著者による講義は『真佛教の把握』等にある

陀羅尼　教えの精髄の梵語を翻訳せずに原語を音写したままで唱える密教の呪文

エデンの楽園　『旧約聖書』「創世記」第二～三章に描かれた楽園。神につくられた最初の人間アダムとイヴが住んだ

坊《ぼっ》ちゃんが粟粒結核《ぞくりゅうけっかく》に罹《かか》ったのです。この病気《びょうき》は全身《ぜんしん》に結核性《けっかくせい》の粟粒《ぞくりゅう》が発《はっ》生《せい》して高熱《こうねつ》が持続《じぞく》します。これは全身の結核であって肺結核《はいけっかく》よりも重篤《じゅうとく》な状態《じょうたい》であります。医者《いしゃ》もこう悪化《あっか》すると治《なお》るとは言わない。地上《ちじょう》の生命《せいめい》は唯時日《ただじじつ》の問題《もんだい》なのであります。ところが或《あ》る人《ひと》が私の著《ちょ》『生命《せいめい》の實相《じっそう》』を美智子《みちこ》さんに貸《か》してあげて「これを子供《こども》の枕頭《まくらもと》で読んで聞かせたら病気が治《なお》る」と言ったのです。美智子さんは熱心《ねっしん》に『生命《せいめい》の實相《じっそう》』を子供の枕頭《まくらもと》で、子供にわからせるつもりで読んだのです。『生命《せいめい》の實相《じっそう》』には何《なに》が書いてあるかと言うと、人間《にんげん》の仮相《かりのすがた》は肉体《にくたい》であるが、人間の生命《せいめい》の実相《ほんとのすがた》は「神の子」である。神は円満完全《えんまんかんぜん》であるから、円満完全なる神様《かみさま》の子供である人間には病気も不幸《ふこう》も、その実相《ほんとのすがた》に於《お》いてはないと書いてあったのであります。それをその幼児《おさなご》は聴《き》いた。知者学者《ちしゃがくしゃ》ならその所説《しょせつ》に反対《はんたい》する心が動いたかも知れませぬが、幼児《おさなご》であるから、無心《むしん》にその真理《しんり》を聴き、無心にその真理を信じたのであります。幼児《おさなご》は「そんなら坊《ぼう》やは神の子なのね」と言

粟粒結核　肺から運ばれた結核菌が他の臓器にあわ粒大の結核結節を作る疾患

『人生必ず勝つ』　昭和十三年、光明思想普及会刊。第二章「粟粒結核も親の心で治る」は本全集第五十六巻「下化衆生篇」に第五章としても収録されている

横山美智子　前項の書物中の体験談発表者である横田美智子氏を指すと思われる

昭和二十一年五月　この年月の注記は本章の載る昭和二十一年六月刊『世界光明思想全集』第一冊に記載されている

肺結核　結核菌による肺の感染症

重篤　病状が非常に重いさま

『生命の實相』　著者の主著。昭和七年一月黒革表紙版が発行されてより各種各版が発行され、現在までに二千万部近くが発行されている

った。

「そうだよ、坊《ぼう》やは神の子なのよ」と母は言った。

「神の子なら病気《びょうき》は無《な》いのね。」

「そうよ、坊やは神の子だから病気は無《な》いのよ。」

「じゃ、坊や病気無《な》いから起きるわ。」こう七歳《さい》の坊やは無雑作《むぞうさ》に言って起《お》き上《あが》ると、それきり病気が治《なお》ってしまったのでありました。

諸君《しょくん》はこの幼児《ようじ》のただ無条件《むじょうけん》に「生命《せいめい》は神より来《きた》る」「神は絶対健康《ぜったいけんこう》である」との真理《しんり》を受入《うけい》れることによって、本来《ほんらい》「神の子」の絶対健康が実現《じつげん》した事実《じじつ》に驚異《きょうい》の眼《め》を瞠《みは》られると存《ぞん》じますが、「幼児《おさなご》の心」というものは決《けっ》して年齢《ねんれい》の問題《もんだい》ではありません。老人《ろうじん》でも素直《すなお》に幼児《おさなご》の心になり、「人間《にんげん》神の子」の真理を心の中《なか》に受入《うけい》れたとき驚《おどろ》くべき癒《いやす》　力《ちから》が発現《はつげん》するのであります。

岡山在《おかやまざい》に馬場久《ばばきゅう》さんという老婆《ろうば》があったのです。この老婆は元来《がんらい》金光　教《こんこうきょう》

所説　説くところ。主張の内容

発現　あらわれ出ること

在　いなか。在郷

金光教　教派神道の一つ。安政六年、赤沢文治（川手文治郎）が創始

の信者《しんじゃ》であって他《た》の宗教《しゅうきょう》を信ずると、金光教《こんこうきょう》の神様《かみさま》に叱《しか》られると思っていた。ところが生長《せいちょう》の家《いえ》の布教師《ふきょうし》栗原保介《くりはらやすけ》氏《し》の講演《こうえん》を聴《き》いて、宇宙《うちゅう》には唯一《ゆいいつ》神《しん》のみあって他神《たしん》なし、ただ各宗派《かくしゅうは》によってその名称《めいしょう》が異《こと》なるのは、同一俳《どういつはい》優《ゆう》が舞台面《ぶたいめん》で色々《いろいろ》の配役《はいやく》に扮《ふん》して出演《しゅつえん》するのと同じことであるという真理《しんり》を聴いて、安心《あんしん》して『生長の家』の雑誌《ざっし》を読むようになった。或《あ》る晩《ばん》、夕《ゆう》食《しょく》を終《お》わって『生長の家』誌《し》を読んでいると、人間《にんげん》、神の子、本来完全病《ほんらいかんぜんやまい》なしの真理がしみじみと自分《じぶん》の魂《たましい》の中《なか》に滲《し》み込《こ》んで来たのです。この媼《ばあ》さんの頸筋《くびすじ》の横《よこ》に、もう何《なん》十年《ねん》も前《まえ》から、長く突《つ》き出《で》た疣《いぼ》があった。媼《ばあ》さんはそれを本を読みながらでも、人《ひと》と話をしながらでも常に指先《ゆびさき》で拈《つま》んでは引張《ひっぱ》る癖《くせ》があったのです。ところが、その晩『生長の家』誌を読みながらその疣《いぼ》を引《ひ》っ張《ぱ》ろうとすると、それが無《な》い。どうも常に拈《つま》んでいた疣《いぼ》がないものだから手持無沙汰《てもちぶさた》である。どうしたのだろうと思って鏡《かがみ》に向《む》かって見ると、疣《いぼ》は影《かげ》も形《かたち》もないのです。『生長の家』誌の彼女《かのじょ》の読んでいる頁《ページ》には「人間は神の

栗原保介氏　生長の家の講師及び理事を務めた。本全集第二十二巻「教育篇」、第四十一巻「教育実践篇」下巻第十一章、第四十四巻「真理体験篇」第二章等参照

『生長の家』　著者の個人雑誌として昭和五年三月一日に創刊された。本全集第三十一〜三十三巻「自伝篇」参照

手持無沙汰　することがなくて間(ま)がもたないさま

子であり、肉体《にくたい》は本来無《ほんらいな》い。無《な》いものが形《かたち》にあらわれているのは心の影《かげ》である。心が変《かわ》れば肉体の形がかわる」とあったのです。考えてみれば完全円満《かんぜんえんまん》なる人間《にんげん》に、不恰好《ぶかっこう》な疣《いぼ》などの本来あるべきはずがない。それだのにこういうふうに肉体の一部《いちぶ》が膨《ふく》れていたのは、自分《じぶん》の心の中《なか》に膨《ふく》れる心(不平《ふへい》の心)があった証拠《しょうこ》である。その膨《ふく》れる心が、「人間本来神の国《くに》に住む神の子である」と解《わか》って、不平不満足《ふまんぞく》の心を起《おこ》すべき何物《なにもの》もこの世《よ》にはないと悟《さと》ると同《どう》時《じ》に、消えてしまった。膨《ふく》れる心の消えると同時に、肉体の疣《いぼ》も消えたのだと判《わか》ったのであります。

馬場久《ばばきゅう》さんは、その時《とき》、自分《じぶん》の腋《わき》の下《した》にはもう三十年来《ねんらい》も番茶茶碗《ばんちゃぢゃわん》を伏《ふ》せた程《ほど》の瘤《こぶ》があることを思い出したのであります。疣《いぼ》が消えた位《くらい》なら、瘤《こぶ》も消えたかも知れないと思って、袖口《そでぐち》から手を入れて探《さぐ》って見ると、その瘤も紛《ふん》失《しっ》して存在《そんざい》しないのであります。その時から馬場久《ばばきゅう》さんは「瘤《こぶ》のとれた媼《ばあ》さん」という名で有名《ゆうめい》になったのです。こうなると、馬場久《ばばきゅう》さんに真理《しんり》の話

番茶茶碗　番茶用の大きな湯呑み茶碗。番茶は煎茶用の若葉を摘んだ後の、やや堅い葉から作る緑茶

をきけば病気《びょうき》が治《なお》ると言うので、近所界隈《きんじょかいわい》に評判《ひょうばん》がひろまったのであります。すると多くの人《ひと》が馬場久《ばばきゅう》さんの真理《しんり》の話をききにまいります。馬場《ばば》さんの真理の話を聴《き》いて癒《いや》されるものが素晴《すば》らしくたくさん出て来たのであります。大阪実業会館《おおさかじつぎょうかいかん》で講習会《こうしゅうかい》のありました時《とき》の馬場久《ばばきゅう》さんの発表《はっぴょう》によりますと、或《あ》る日《ひ》一人《ひとり》の婦人《ふじん》が二十歳位《さいぐらい》の娘《むすめ》を伴《つ》れて来たのであります。その娘は大腿部《だいたいぶ》に小さな田虫《たむし》が出来《でき》たのを皮膚病薬《ひふびょうやく》を塗《ぬ》って治《なお》そうと試《こころ》みましたが段々《だんだん》周囲《しゅうい》にひろがってまいりまして、ついには腰《こし》から下両脚《したりょうあし》の趾先《ゆびさき》までも田虫になってしまったのです。これでは皮膚薬《ひふやく》を用《もち》いるにしても非常《ひじょう》な分量《ぶんりょう》を要《よう》するので大変《たいへん》です。そして既《すで》に婚期《こんき》をひかえている娘のことですから、この皮膚病《ひふびょう》を治《なお》しておかなければ結婚《けっこん》も出来《でき》ません。ちょうどその頃《ころ》馬場《ばば》さんの噂《うわさ》をきいたので癒《なお》してもらいにやって来たのでした。

「病気なんて無《な》いんですよ。人間《にんげん》は神の子なんですから。」

「だってうちの娘はこんな病気になったものですから、先生《せんせい》に医《なお》して頂《いただ》こう

大阪実業会館　大阪市中央区にあった大阪府立実業会館

大腿部　腰から膝までの間の部分。ふともも

田虫　「みずむし」や「いんきん」と同じ白癬菌によって起こる皮膚疾患

とわざわざ来たのです。」

「私は病気《びょうき》を医《なお》すのではありません。ただ病気の無《な》いことを知らせるばかりです。」

「こんなにひどい病気になっているのに、病気がどうしてないのです。」

「ないものは無《な》いのです。」

「だってあるから医《なお》してもらいに来たのです。」

「ないと言ったらないんですよ。神様《かみさま》は病気をお造《つく》りにならないから無《な》いのです。」

「どうして病気が無《な》いと言うことが解《わか》るのです。」

「だって無《な》いものは無《な》い。それを信ずるほかはない。有《あ》るものになら理窟《りくつ》もあろうけれど、無《な》いものにはどうしてという理窟《りくつ》はない。」

「だって腰《こし》から下ぶつぶつで一杯《いっぱい》なんです。」

「そんなものは神様が造らないから無《な》い。」

「だって、腰《こし》から下ぶつぶつが一杯《いっぱい》あるのです。」

「それはあなたの心の中《なか》にぶつぶつがあるからそう見えるのだ。あなたの心の中《なか》のぶつぶつを捨《す》てなさい。それは消えてしまう。神様《かみさま》は人間《にんげん》を神の肖像《にすがた》にお創造《つく》りになったのだから完全円満《かんぜんえんまん》であって病気《びょうき》なんて無《な》いんですよ。」

「無《な》いものがあると見えるのは？」

「それはあなたがたの心の影《かげ》なのですよ。神の創造《そうぞう》の完全《かんぜん》さを信じなさい。そしてあなたがたの生活《せいかつ》から不平《ふへい》とぶつぶつを取《と》り除《のぞ》きなさい。」

「だって、何《なん》とか先生《せんせい》に娘《むすめ》の田虫《たむし》を治《なお》して頂《いただ》けないでしょうか。」

「心にぶつぶつがなくなったら、もう身体《からだ》のぶつぶつは無《な》いんですよ。どれ、心のぶつぶつがとれたか見せて御覧《ごらん》なさい。」

馬場久《ばばきゅう》さんは娘《むすめ》の裾《すそ》をまくって患部《かんぶ》を母親《ははおや》に見せました。

馬場《ばば》さんにとっては患部を見ることは肉体《にくたい》を見ることではなく、心の具象化《すがた》を見ることであった。

不思議《ふしぎ》なことに娘《むすめ》の下半身全体《しもはんしんぜんたい》にひろがっていた田虫《たむし》は、その時《とき》消えてしまっていたのであった。田虫を一種《いっしゅ》の寄生病源体《きせいびょうげんたい》による皮膚疾患《ひふしっかん》だと思っている人《ひと》にはこう言う奇蹟《きせき》は驚異《きょうい》すべき出来事《できごと》だと思えるであろう。私は田虫が寄生病源体のいる皮膚病《ひふびょう》だと言うのを否定《ひてい》するのではない。しかし、それは心境《しんきょう》が具象化《ぐしょうか》した「結果《けっか》」であって「原因《げんいん》」は心の姿《すがた》にあるのである。見られる世界《せかい》は、観《み》る人の心の姿であると言う哲学《てつがく》は、ただの哲学ではなく実践出来《じっせんでき》る哲学なのである。自分《じぶん》の心の姿を対境《たいきょう》に見ながら、ただの映像《えいぞう》にすぎない自分の肉体《にくたい》の状態《じょうたい》を実在《じつざい》と思うな。これはただ皮膚病にのみ当《あ》て嵌《は》まる真理《しんり》ではない。肺結核《はいけっかく》にも癌腫《がんしゅ》にも筋肉瘤《きんにくりゅう》にも当てはまる。この書《しょ》に諸君《しょくん》の患《わずら》っている病気《びょうき》と同じ病気の名前《なまえ》がないからとて失望《しつぼう》するな。原理《げんり》は一《ひと》つであり、真理は共通《きょうつう》する。見える姿がどんなにあろうとも、神の創《つく》り給える世界と人間《にんげん》との完全《かんぜん》を疑《うたが》うな。それのみが実在だ。実在は常《つね》に完全円満《かんぜんえんまん》なのである。実在とは「見える」ということではない。実

具象化　形になってあらわれること

対境　対象。相手

癌腫　上皮組織から発生した悪性腫瘍

筋肉瘤　筋肉内などに塊ができて表面に隆起したもの

在とは「真《しん》にある」ということである。実在《じつざい》とは神の創造内容《そうぞうないよう》だ。そしてそれは常《つね》に完全《かんぜん》なのであります。

十

我《わ》れ便《すなわ》ち坐《ざ》を解《と》かずして、漏尽《ろじん》を得《う》るに至《いた》れり。我《わ》れ無病無上安穏《むびょうむじょうあんのん》涅槃《ねはん》を求めて、便《すなわ》ち無病、無上安穏涅槃《あんのんねはん》を得《え》、無老無死《むろうむし》、無愁憂慼《むしゅううじゃく》、無《む》穢汚《おお》、無上安穏《あんのん》涅槃《ねはん》を求めて、便《すなわ》ち無老無死、無愁憂慼《むしゅううじゃく》、無穢汚《むおお》、無上安楽涅槃《あんらくねはん》を得《え》、知《ち》を生《しょう》じ、見《けん》を生《しょう》じ、道品法《どうほんぽう》を定《さだ》む。生已《しょうすで》に尽《つ》き、梵《ぼん》行《ぎょう》已《すで》に立ち、所作已《しょさすで》に弁《べん》じて、更《さら》に生《しょう》を受けずと如真《にょしん》を知りぬ。

（『中《ちゅう》・羅摩経《らまきょう》』）

これは釈迦牟尼世尊《しゃかむにせそん》が、生老病死《しょうろうびょうし》の現象界《げんしょうかい》の四苦《しく》を観《かん》じて、これを如《い》

頭注版㊴一一〇頁

漏尽を得る　一切の煩悩がなくなること

涅槃　煩悩を払いのけた悟りの境地

無愁憂慼　悲しんだり心を痛めたりすることがない

無穢汚　けがれない

梵行　仏道の修行

『中・羅摩経』　最古の仏教経典とされる『阿含経』のうちの「中阿含経」に属する経典

釈迦牟尼世尊　釈迦の尊称。釈迦は仏教の始祖。紀元前四六三～前三八三年頃。釈迦族の王子だったが、二十九歳で出家。苦行の末三十五歳で悟りを開いた

何《か》にして超越《ちょうえつ》せんか、如何《いか》にして克服《こくふく》せんかの願《がん》を立て六年《ねん》苦行《くぎょう》の後《のち》、苦行は悟《さと》りの因《いん》に非《あら》ずと知り、ウルビルワーの苦行林《くぎょうりん》を去って尼連禅河畔《にれんぜんかはん》にいたり、痩軀《そうく》を水にひたして積年《せきねん》の迷妄《めいもう》を洗い去り、バラモンの少女《しょうじょ》スジャータの献《ささ》ぐる牛乳《ぎゅうにゅう》の粥《かゆ》を受けて体力《たいりょく》を恢復《かいふく》し、新生《しんせい》の力《ちから》あふるる思いで、伽耶城《がやじょう》を去ること遠からざる菩提樹《ぼだいじゅ》下《か》に坐《ざ》し、そのまま、現象苦行《げんしょうくぎょう》の仮相《かりのすがた》に眼《め》をとじて宇宙《うちゅう》の存在《そんざい》の実相《じっそう》を諦観《ていかん》せられ、ついに無老無死無憂《むろうむしむゆう》の実相世界《じっそうせかい》を悟られたときの言葉であります。悟りとは結局《けっきょく》、実在《じつざい》の世界《せかい》には老死《ろうし》憂愁等《ゆうしゅうとう》が結局存在しない、それは唯《ただ》、想念《そうねん》の反映《はんえい》であると知ることであったのであります。

「我《わ》れ便《すなわ》ち坐《ざ》を解《と》かずして」とは静坐瞑想《せいざめいそう》のままであります。英語《えいご》で言う“Contemplation”であります。真理《しんり》の黙想《もくそう》であります。「漏尽《ろじん》」の「漏《ろ》」は迷《まよ》いとか煩悩《ぼんのう》とかであって、そのまま五官知《ごかんち》を本源《ほんげん》とする「肉体《にくたい》あり」「現象《げんしょう》あり」との迷いが消えさったのであります。すると無老無死《むろうむし》の、愁《かな》

ウルビルワーの苦行林　修行者達が集まって苦行をした地。出家した釈迦が六年間苦行を続けた。本全集第六十二巻「仏教篇」上巻第二章参照

尼連禅河畔　釈迦が苦行を捨てて沐浴したとされる河のほとり。尼連禅河はインドのビハール州を流れるガンジス川の支流バルグ川の古称

痩軀　やせたからだ

迷妄　心の迷い

伽耶城　釈迦の出身地である古代マガダ国の都城。カピラバストゥ城

諦観　はっきりと明確に観ずること

しみなく、憂《うれ》えなく、慼《なや》みなき安穏涅槃《あんのんねはん》の人間実相生命《にんげんじっそうせいめい》が自覚《じかく》されたのであります。肉眼《にくがん》で見れば、いわゆる「出山《しゅっせん》の釈迦像《しゃかぞう》」として知られている痩《や》せさらぼうた肋骨突兀《ろっこつとっこつ》たる醜《みにく》い肉体人間《にくたいにんげん》に過《す》ぎない。しかもかかる現象《げんしょう》もなく、肉体《にくたい》も無《な》く、ただあるものは円満完全《えんまんかんぜん》なる無病無老無死無憂無愁無慼《むびょうむろうむしむゆうむしゅうむじゃく》の「久遠人間《くおんにんげん》」である。涅槃《ねはん》というのは死ぬことではない、肉体的自覚《にくたいてきじかく》から死に切って、あらたなる「久遠人間《くおんにんげん》」の霊的自覚《れいてきじかく》に生《うま》れかわり、一切《いっさい》の悩《なや》みが消えて安穏寂 静《あんのんじゃくじょう》の境地《きょうち》に入《い》ることである。『法句経《ほっくきょう》』にはこの境地を「我《わ》が生《しょう》は已《すで》に安《やす》し、病《やまい》を病《や》まず、我《われ》は無病《むびょう》を行《ぎょう》ず。我《わ》が生《しょう》は已《すで》に安し、憂《うれい》を慼《なや》まず、我《われ》は無憂《むゆう》を行《ぎょう》ず。我《わ》が生《しょう》は已《すで》に安し、清 浄無為《しょうじょうむい》なり、楽《らく》を以《もっ》て食《じき》となす、光音天《こうおんてん》の如《ごと》し」と釈迦《しゃか》は言っていられるのであります。光音天《こうおんてん》というのは常《つね》に光明《こうみょう》かがやく常 楽《じょうらく》の世界《せかい》に生活《せいかつ》していると伝えられている天《てん》人《にん》であります。そういう霊的天人《れいてきてんにん》の如《ごと》き存在《そんざい》が本当《ほんとう》の人間《にんげん》なのであります。そういう実相人間《じっそうにんげん》を知り、見ることが出来《でき》たのが前掲《ぜんけい》『羅摩経《らまきょう》』の中《なか》にある

突兀　高く突き出ているさま

寂静　煩悩を離れて苦しみを去った解脱の境地

『法句経』　釈迦の教えを記した現存する最古の経典の一つ。ダンマパダとも呼ばれる。パーリ語で書かれた四二三（漢訳では七五八）の詩から成り、広く愛誦されてきた

清浄　清らかでけがれのないこと

光音天　色界第二禅天の第三天。また、そこに住む天人。この天人は言葉を話さず口から浄光を発して意を通じるという

「知《ち》を生《しょう》じ、見《けん》を生《しょう》じ」であり、その自覚《じかく》から自《おのず》から生《しょう》ずる道《みち》と法《のり》とが得《え》られる事《こと》が「道品法《どうほんぽう》を定《さだ》む」であります。かくて肉体《にくたい》として生きているという迷覚《めいかく》が消えたのが「生已《しょうすで》に尽《つ》き」であります。かくして梵行《ぼんぎょう》即《すなわ》ち清浄行《しょうじょうぎょう》はおのずから成就《じょうじゅ》し、その所作《しょさ》「心の赴《おもむ》く所《ところ》に随《したが》って矩《のり》を踰《こ》えず」の境《きょう》に達《たっ》し、再《ふたた》び「有《う》」即《すなわ》ち「肉体《にくたい》有り」との迷覚《めいかく》の虜《とりこ》にならず、「如真《にょしん》」即《すなわ》ち真《しん》実《じつ》ありのままの存在《そんざい》の実相《じっそう》を把握《はあく》したというのであります。

吾々《われわれ》は生きながら「生已《しょうすで》に尽《つ》き」の境地《きょうち》に入《い》ることが大切《たいせつ》なのであります。その為《ため》には、物質無《ぶっしつな》し、現象無《げんしょうな》し、肉体無《な》し、病老死無《びょうろうしな》しの否定《ひてい》を通《とお》して、久遠不滅理想世界《くおんふめつりそうせかい》の金剛不滅的存在《こんごうふめつてきそんざい》と、円満完全《えんまんかんぜん》、無病無老無死無憂《むびょうむろうむしむゆう》の久遠人間《くおんにんげん》の金剛不滅的存在《こんごうふめつてきそんざい》を知らなければならないのであります。智慧《ちえ》ある人《ひと》は智慧《ちえ》を通《とお》してこれを悟《さと》るのも好《よ》いでありましょう。しかしもっと簡単《かんたん》な道《みち》は、横山美智子《よこやまみちこ》さんの坊《ぼっ》ちゃんのような幼児《ようじ》の心で悟ることであります。釈迦《しゃか》は古今未曾有《ここんみぞう》の大哲人《だいてつじん》でありますから、真理《しんり》の静観《せいかん》と、哲学的思索《てつがくてきしさく》

所作　「作」は「なす」の意。行い。ふるまい

「心の赴く…」　心の欲するままに行動しても天の法則にそむかない。『論語』「為政」にある「七十にして心の欲する所に従って矩を踰えず」より

矩　天の法則。きまり

古今未曾有　昔から今までにまだ一度もないこと

哲人　道理に通じて知徳のすぐれた人

静観　本質的なものを心の眼で見極めること。諦観

とによって悟《さと》られたのであります。真理《しんり》の静観《せいかん》は坐禅瞑想《ざぜんめいそう》でありますが、その哲学的思索《てつがくてきしさく》は十二因縁観《いんねんかん》でありました。何故生老病死《なぜしょうろうびょうし》の四苦《しく》があるか、またそれが無《な》いならば、何故《なぜ》、無《な》いものがあるかの如《ごと》く見えるかの問題《もんだい》であります。

十二

何《なに》に縁《よ》りて老死《ろうし》ありや、生《しょう》に縁《よ》りて老死あり。何《なに》に縁《よ》りて生《しょう》ありや、有《う》に縁《よ》りて生《しょう》あり。何《なに》に縁《よ》りて有《う》ありや、取《しゅ》に縁《よ》りて有《う》あり。何《なに》に縁《よ》りて取《しゅ》ありや、愛に縁《よ》りて取《しゅ》あり。何《なに》に縁《よ》りて愛ありや、受《じゅ》に縁《よ》りて愛あり。何《なに》に縁《よ》りて受《じゅ》ありや、触《そく》に縁《よ》りて受《じゅ》あり。何《なに》によりて触《そく》ありや、六《りく》入処《にゅうしょ》に縁《よ》りて触《そく》あり。何《なに》によりて六入処《りくにゅうしょ》ありや、名色《みょうしき》に縁《よ》りて六入《りくにゅう》処《しょ》あり。何《なに》に縁《よ》りて名色《みょうしき》ありや、識《しき》に縁《よ》りて名色《みょうしき》あり。

坐禅　姿勢を正して坐った状態で精神統一を行う修行法

十二因縁　輪廻の様子を説明した十二の因果関係。老死・生・有・取・愛・受・触・六(入)処・名色・識・行・無明。十二縁起

頭注版㊴一一三頁

（『雑阿含《ぞうあごん》』一二・五）

「何《なに》に縁《よ》りて老死《ろうし》ありや」この解決《かいけつ》こそ釈迦《しゃか》発心《ほっしん》出家《しゅっけ》の最初《さいしょ》にして最大《さいだい》の目的《もくてき》だったのであります。「老死」の二《ふた》つのみを掲《かか》げてありますが、これは老病死《ろうびょうし》及《およ》び一切《いっさい》の憂悲悩苦《ゆうひのうく》をこの二語によって代表《だいひょう》せしめたものである。何故《なぜ》人間《にんげん》は老いるか、何故《なぜ》病《や》むか、何故《なぜ》死ぬか、何故《なぜ》人間は憂《うれ》え悲しみ悩《なや》まなければならないか。静かにそれを観《かん》ずるとき、それは吾々《われわれ》が肉体的《にくたいてき》に「生《うま》れた」からである。いわゆる「生《しょう》」によってである。吾々《われわれ》が老病死苦《ろうびょうしく》を解脱《げだつ》するためにはこの「生《しょう》」を超《こ》えなければならぬ。生《うま》れると言うことの無《な》い世界《せかい》へ出なければならない。「生《うま》れる」と言うことの無《な》い世界へ出るためには、「生《うま》れる」と言うことは何故《なぜ》起《おこ》るか、即《すなわ》ち「何《なに》に縁《よ》りて生《しょう》ありや」と、その生《しょう》の源《みなもと》を探究《たんきゅう》し、それを探《さぐ》り当《あ》て、絶《た》ち切《き》らなければならぬ。かようにして、何《なに》を縁《えん》として起《おこ》るものであるかと、次第次第《しだいしだい》にその起《おこ》るところの縁

『雑阿含』 漢訳『阿含経』の一つ。一三六二経から成る短編の経典集

発心 信仰の道に入る心を起こすこと

憂悲 うれいや悲しみ

悩苦 悩み苦しむこと

探究 深くさぐって見きわめようとすること

を思索《しさく》し観察《かんさつ》して行《ゆ》かれたのが、縁起観《えんぎかん》であります。こうして思索し観察された結果《けっか》、大体《だいたい》、十二の「縁」が継起《けいき》して、肉体《にくたい》の人間《にんげん》はあらわれている。

簡単《かんたん》にこれを列記《れっき》してみると、

老死《ろうし》（病《やまい》及《およ》び一切《いっさい》の憂悲悩苦《ゆうひのうく》を含《ふく》む）
生《しょう》
有《う》
取《しゅ》
愛《あい》
受《じゅ》
触《そく》
六入処《りくにゅうしょ》
名色《みょうしき》
識《しき》

継起　物事が相次いで起こること

行《ぎょう》

無明《むみょう》

であります。病老死《びょうろうし》の苦しみの起《おこ》る所以《ゆえん》は「生《うま》れる」と言う事《こと》、この世《よ》に「生《しょう》」を受けるということから起《おこ》るのであります「生《うま》れ」なかったら、老《ろう》病死苦《びょうしく》も、愛別離苦《あいべつりく》（愛する者《もの》に別れる苦しみ）も、怨憎会苦《おんぞうえく》（憎《にく》い者に会う苦しみ）も無《な》い。どうしてもこの「生《しょう》」を克服《こくふく》しなければならぬ。それでは自殺《じさつ》してこの「生《しょう》」を克服したならばよさそうなものであるけれども、ただ自殺するだけでは、業《ごう》という奴《やつ》があって、ちょうどそれはエネルギー不滅則《ふめつそく》の運動慣性《うんどうかんせい》のようなものであって、その身口意《しんくい》に起《おこ》した業《ごう》の運動慣性は循《じゅん》環的《かんてき》に、たとえば輪《わ》の廻《まわ》るようにめぐって、また又生《またうま》れ更《かわ》って出て来る。これは輪《わ》のように廻《まわ》って循環して止《や》むことがないから、この生《うま》れ変《かわ》ることを輪《りん》廻転生《ねてんしょう》といっている。それでは折角《せっかく》、痛《いた》い苦しい思いをして自殺してみても駄目《だめ》だ。自殺することなしに「生《しょう》」を否定《ひてい》しなければならない。生きている

愛別離苦　八苦の一つ。親、兄弟、妻子など愛する者と別れる苦しみ。八苦は生・老・病・死の四苦に愛別離・怨憎会・求不得・五陰盛の四つを加えた人間の一切の苦しみ

怨憎会苦　八苦の一つ。うらみ憎んでいる者に会う苦しみ

業　身・口・意による善悪の行為は必ず何かの原因があり、さらにその行為は次の行為に大きく影響する。その繰り返しを総称する言葉

エネルギー不滅則　どのような種類のエネルギーに変わっても、その過程のエネルギーの総量は一定不変であるという法則。エネルギー保存の法則

運動慣性　物体に外からの力が働かない限り、その運動状態が変わらないという性質

ままで「生《しょう》」を超《こ》えなければならない。それは肉体《にくたい》として生《うま》れたままで「肉体でない」事《こと》を肯定《こうてい》しなければならない。すなわち、肉体を現《げん》じながら「肉体無《な》し」「生無《しょうな》し」と知らなければならぬ。即《すなわ》ち釈迦牟尼世尊《しゃかむにせそん》が、三十五歳《さい》の十二月八日《がつようか》、暁《あかつき》の明星《みょうじょう》の下《もと》、肉体の生《しょう》あるがままに「生已《しょうすで》に尽《つ》く」と断言《だんげん》されたようなそういう悟《さと》りを得《え》なければならぬ。それでは肉体あらわれながら「肉体なし」「生《しょう》なし」の自覚《じかく》は如何《いか》にして贏《か》ち得《う》るであろうか。釈《しゃ》迦《か》はそれ故《ゆえ》に

　何《なに》に縁《よ》りて生《しょう》ありや

と「生《しょう》」の縁《よ》って来《く》るところの縁起《えんぎ》を心の内《うち》で反問《はんもん》せられたのであります。

その答《こたえ》は、

　有《う》に縁《よ》りて生《しょう》あり

ということでありました。「有《う》」というのは「実有《じつう》」とか「実在《じつざい》」とかいう意味《いみ》ではない。物質《ぶっしつ》を有ると観《み》るその観念《かんねん》であり思想《しそう》であります。阿含《あごん》の『中《ちゅう》・

輪廻転生　肉体死後の霊魂が生まれ変わり、死に変わること

暁の明星　明け方に東の空に輝く金星。明けの明星

『中・諸法本経』　漢訳『阿含経』の一つ『中阿含経』の二二二の経典中の一編

諸法本経《しょほうほんぎょう》』には「思想《ヲ》為《ス》レ有《ト》……思想《ヲ》為《ス》二諸法《ノ》有《ト》一」(思想《しそう》を有《う》となす。思想を諸法《しょほう》の有《う》となす)とあります。即《すなわ》ち諸法即《しょほうすなわ》ち諸々《もろもろ》の物質的現象《ぶっしつてきげんしょう》を、ただ現《あらわれのかたち》象と観《み》ないで「有《あ》る」と思わせ、この「肉体人間《にくたいにんげん》」をも「有《あ》る」と思わせる、これが「有《う》」でありまして、もしこの「肉体人間」を「有《あ》る」と思わなかったら、無《な》い肉体《にくたい》には「何故生《なぜうま》れた」の問題《もんだい》も起《おこ》らないし、無《な》い肉体には老病死憂悲悩苦《ろうびょうしゆうひのうく》も無《な》い、すべて問題解決《もんだいかいけつ》であります。乃《すなわ》ち肉体を超越《ちょうえつ》し肉体を克服《こくふく》する唯一《ゆいいつ》の道《みち》は、諸々《もろもろ》の物質的現象、肉体的現象《にくたいてきげんしょう》を「有《あ》る」と思想しないで、「無《む》」と観《かん》ずるのであります。五官知《ごかんち》にまどわされたものは、(即《すなわ》ち知恵《ちえ》の樹《こ》の果《み》を食べたアダムは)この有《あ》りもしない肉体を、物質《ぶっしつ》を、有《あ》ると思想し、それを本当《ほんとう》の自分《じぶん》だと執着《しゅうじゃく》するから、老いる、病《や》む、死するなどと騒《さわ》ぎ苦しむ。肉体が本来無《ほんらいな》ければ、「生《しょう》」も本来ない。それは幻《まぼろし》のようなもの、映画《えいが》のようなものである。それは真実《しんじつ》に存在《そんざい》するものでないと悟《さと》れば、生老病死《しょうろうびょうし》の人生《じんせい》にありつつ無生無老無病無死《むしょうむろうむびょうむし》の安《あん》らくな涅槃《ねはん》を

知恵の樹の果 『旧約聖書』「創世記」第三章に記されている、善悪を知る木の実。本全集第十九巻「万教帰一篇」上巻第一章参照

アダム 『旧約聖書』「創世記」に記されている人類の始祖

得《う》るのであります。そう言う涅槃状態《ねはんじょうたい》と言うものは肉体《にくたい》が死んで得《え》られると言うのではなく、肉体有《あ》りながら肉体無《な》しと悟《さと》って肉体に執着《しゅうじゃく》が無《な》くなり、それに縛《しば》られなくなることから得《え》られるのであります。即《すなわ》ち現世《げんせ》を捨《す》てるのではなく、却《かえ》って現世《げんせ》に実相常楽《じっそうじょうらく》の状態《じょうたい》が成就《じょうじゅ》するのであります。即《すなわ》ち現世《げんせ》にこのまま天国浄土《てんごくじょうど》の状態、エデンの楽園《らくえん》、龍宮城《りゅうぐうじょう》の状態が成就《じょうじゅ》するのであります。その状態を釈迦牟尼世尊《しゃかむにせそん》は『羅摩経《らまきょう》』の中《なか》で次の如《ごと》く仰《おお》せられているのです。

我《われ》はいと勝《すぐ》れたるものである、（我最上最勝《われさいじょうさいしょう》）
すべてのものに執着《しゅうじゃく》しない（不レ著二一切法一《いっさいののりにちゃくせず》）
あらゆる愛《あい》（着《ちゃく》）は尽《ことごと》く解脱《げだつ》した。（諸愛尽解脱《しょあいことごとくげだつ》）
勝利者《しょうりしゃ》はかくの如《ごと》きものである。（勝者如レ是有《しょうしゃかくのごとくあり》）
諸々《もろもろ》の迷《まよ》いは悉《ことごと》く滅尽《めつじん》し得《え》た。（謂得二諸漏尽一《いうもろもろのろじんをうと》）

現世　現在生きている世界。この世

常楽　常住不変で苦悩がなく、常に安らかで楽しいこと

龍宮城　深海の底にある龍王が住むという美しい宮殿。生長の家では宇宙浄化の働きをする住吉大神の宮と説かれる

いと　とても。たいそう

最勝　最もすぐれていること

我《われ》はあらゆる悪《あく》を滅《ほろぼ》した。（我害二諸悪法一《われはもろもろのあくほうをがいす》）

「我《われ》はあらゆる悪を滅《ほろぼ》した」――この宣言《せんげん》こそ、「悪本来無《あくほんらいな》し」の悟《さと》りであり、この悟りの得《え》られた根本《こんぽん》は、物質無《ぶっしつな》し、肉体無《にくたいな》しの自覚《じかく》に徹《てっ》したからであります。ここに人間《にんげん》は自由自在《じゆうじざい》境《きょう》をこの現象世界《げんしょうせかい》にも実現《じつげん》し、人間は勝《しょう》者《しゃ》となるのであります。『阿含経《あごんぎょう》』には次のような記事《きじ》が載《の》っております。

釈迦《しゃか》は石主釈氏聚落《せきしゅしゃくしじゅらく》に住《とど》まっていられたときでした。多くの弟子《でし》たちが供養堂《くようどう》に集《あつ》って衣《ころも》を繕《つくろ》っています。その時《とき》、悪魔波旬《あくまはじゅん》が一婆羅門僧《バラモンそう》に化《ば》け、髪《かみ》を大髻《おおたぶさ》に結《ゆ》い、獣皮《じゅうひ》を著《つ》け、手に曲杖《きょくじょう》を挈《さ》げて、その弟子たちの所《ところ》に来た。

「汝等《なんじら》は年少出家《としわかくしゅっけ》して、皮膚《ひふ》白く髪《かみ》黒く、青春《せいしゅん》の逞《たくま》しい時であるから、今《いま》こそ五欲《ごよく》の楽《らく》を受けて美的生活《びてきせいかつ》を送り、自《みずか》ら娯《たの》しむべきではないか。それだのに何故現世《なにゆえげんぜ》の楽《らく》を捨《す》て、他世非時《たせひじ》の楽《らく》を求むるか」と彼《かれ》は訊《き》いた。

『阿含経』 初期仏教の経典。釈迦の教えを記録し、集成したもの。小乗仏教の根本聖典

石主釈氏聚楽 仏弟子の集落

波旬 欲界第六天の魔王の名。釈迦の修行を邪魔しようとした

婆羅門僧 仏教以前の古代インドで広まっていた民俗宗教である婆羅門教の僧

大髻 男子の髪を集めて束ねるもとどりを大きく結ったもの

曲杖 曲がった杖

挈げる 手にさげる。たずさえる

五欲 色・声・香・味・触の五つの感覚対象に執着して引き起こされる五種の欲望。また、財欲、性欲、飲食欲、名誉欲、睡眠欲を言うこともある

他世 来世。あの世

非時 行うのに不適切な時

他世《たせ》非時《ひじ》の楽《らく》というのは、「今《いま》」の現実《げんじつ》を楽しまないで、この世《よ》を終《おわ》った「後《のち》の世《よ》」のために現実の楽しみを捨《す》てるのかとの意《い》であります。すると弟子《でし》たちは

「我《わ》れ現世《げんぜ》の楽《らく》を捨てて他世《たせ》非時《ひじ》の楽《らく》を求めず、乃《すなわ》ち今是《こ》の生活《せいかつ》そのものが非時《ひじ》の楽《らく》を捨てて現世《げんぜ》の楽《らく》に就《つ》いているのです」と答えました。すると婆羅門《バラモン》は、

「奈何《いか》なれば非時《ひじ》の楽《らく》を捨てて現世《げんぜ》の楽《らく》に就《つ》くや」と訊《き》きます。釈迦《しゃか》の弟子は、

「世尊《せそん》の説《と》かれるところでは、他世《たせ》の楽《らく》を求めるのは味少《あじすくな》く、苦《く》多く、利《り》少《すくな》く、患《わずらい》多し。世尊《せそん》の所謂《いわゆ》る現世《げんぜ》の楽《らく》とは、諸々《もろもろ》の熾燃《しねん》を離《はな》るれば、時節《じせつ》を待たずして能《よ》く自《おのず》から通達《つうたつ》し、此《ここ》に於《お》いて観察《かんさつ》し、縁《よ》りて自《おのず》から覚知《かくち》す。婆羅門《バラモン》よ、是《これ》を現世《げんぜ》の楽《らく》と名づける」と答えているのです。（『雑阿含《ぞうあごん》』三十九・十九による）

世尊　釈迦の尊称
所謂る　言うところの
熾燃　さかんに燃えること
時節　程よい時機。ここでは死ぬ時
通達　その道に深く達すること
覚知　悟って知ること。認知すること

熾燃《しねん》とは熾《さか》んに燃《も》える煩悩《ぼんのう》の焔《ほのお》、執着《しゅうじゃく》の縛《しばり》である。肉体本来無《にくたいほんらいな》し、物質《ぶっしつ》本来無《な》しと悟《さと》って燃ゆる執着煩悩《しゅうじゃくぼんのう》を離《はな》るれば、「時節《じせつ》を待たず」即《すなわ》ち、肉《にく》体死《たいし》の時期《じき》を待たずして自由自在《じゆうじざい》の境界《きょうがい》に達《たっ》して現世《げんぜ》の楽《らく》が成就《じょうじゅ》し、娑婆《しゃば》即寂光土《そくじゃっこうど》が実現《じつげん》すると答えているのであります。これが、後世《こうせい》の哲学仏《てつがくぶっ》教《きょう》ではなく、初期《しょき》の釈迦在世時代《しゃかざいせじだい》の仏教《ぶっきょう》だったのであります。

ともかく、現実世界《げんじつせかい》に自由自在を得《う》るためには「有《う》」の思想《しそう》を滅尽《めつじん》してしまわなければならないのであります。その有《う》は何《なに》に縁《よ》りて起《おこ》るか。

取《しゅ》によりて有《う》あり

と釈迦《しゃか》は観《かん》じられたのであります。「取《しゅ》」とは執着《しゅうじゃく》し把《つか》むことであります。欲《ほ》しい惜《お》しいと執着《しゅうじゃく》して把《つか》むからであります。把《つか》まなければ生命《いのち》を流《りゅう》動《どう》のままで、それを固定化《こていか》しないで、把握《はあく》することが出来《でき》るのです。いのち、のそのままを把握《はあく》する――そうすると、ここに「肉体が生きている」という感《かん》じではなく、「生命《いのち》が生きている」「生命《いのち》そのままが生命《せいめい》している」と言

境界　行いの報いによって置かれる環境

娑婆即寂光土　苦しみに満ちたこの俗世界がそのまま、しずかな光に満ちた法身仏の住む浄土であるということ

滅尽　あとかたもないほどに消滅させること

う境界《きょうがい》に出るのであります。何《なん》でも「取《しゅ》」すなわち、執着《しゅうじゃく》してつかまえるからいかぬ。しかし、その執着《しゅうじゃく》はどこから出て来るかというと
何《なに》に縁《よ》りて取《しゅ》ありや、愛に縁《よ》りて取ありであります。愛着《あいじゃく》によって執着《しゅうじゃく》し、つかまえると、つかまえるから生命《いのち》を固定化《こていか》して生々流動《せいせいりゅうどう》のままで把握出来《はあくでき》ない。「愛」という言葉をキリスト教《きょう》では至純《しじゅん》な無我《むが》の神愛《しんあい》と観《み》ておりますが、仏教《ぶっきょう》では「愛」という言葉を執着纏綿《しゅうじゃくてんめん》の「マヨイ」の別語《べつご》としております。これは仏耶《ぶつや》の両教《りょうきょう》が矛盾《むじゅん》し衝突《しょうとつ》するのではないのであって、同じ漢字《かんじ》を別《べつ》の意味《いみ》に使っているのであって注意《ちゅうい》すべきことであります。ところでこの執着纏綿《しゅうじゃくてんめん》の愛慾《あいよく》はどうして起《おこ》るかと言うと、
何《なに》に縁《よ》りて愛ありや、受《じゅ》に縁《よ》りて愛あり。
とわかったのであります。「受《じゅ》」と言うのは感受作用《かんじゅさよう》であります。感受作用がなかったら、纏綿《てんめん》の愛も起《おこ》らない。そんならその感受作用はどうして起《おこ》る

生々流動　いきいきと流れ動くさま
至純　きわめて純粋なこと
纏綿　まとわりつくこと。からみつくこと
仏耶　仏教とキリスト教

か。

　何《なに》に縁《よ》りて受《じゅ》ありや、触《そく》に縁《よ》りて受《じゅ》あり。

すなわち触《ふ》れるから感受《かんじゅ》するのであります。何故《なぜ》触れるかというと、感受《かんじゅ》器官《きかん》と言うものがある。この感覚器官《かんかくきかん》が六入処であります。外からの波動《はどう》を入《い》れる処《ところ》でありますから六入処と言う、眼耳鼻舌身意《げんにびぜっしんに》の六《むっ》つであります。その感覚器官はどうして発達《はったつ》したかというと、
　何《なに》に縁《よ》りて六入処《りくにゅうしょ》ありや、名色《みょうしき》に縁《よ》りて六入処《りくにゅうしょ》あり。

と釈尊《しゃくそん》は観《かん》じられた。「名《みょう》」はコトバであり、波動であり、「色《しき》」は物質《ぶっしつ》である。その物質というものも、実《じつ》は波動を固定化《こていか》したものであるから、「名《みょう》」も「色《しき》」も結局同一《けっきょくどういつ》のものであります。感覚器官が発達するのは、それ自身《じしん》で発達しない、環境《かんきょう》の波動の変化《へんか》に応《おう》じて発達する。深海《しんかい》の魚族《ぎょぞく》の中《なか》には眼《め》のない魚《うお》がいる。山口県《やまぐちけん》の秋吉《あきよし》の鍾乳洞《しょうにゅうどう》の奥《おく》に行《ゆ》きますと、光《こう》線《せん》が入《はい》らないので眼《め》のない鰻《うなぎ》がいる。環境といえば、外部的《がいぶてき》なもののみのよ

波動　状態の変化が波のように次第に伝わっていく現象

鍾乳洞　雨水や地下水が石灰岩を徐々に溶解して生じた洞窟。鍾乳洞とも書く

うに考えられますが、環境《かんきょう》も波動的存在《はどうてきそんざい》であり、吾々《われわれ》の生命《せいめい》も波動《コトバ》である。(コトバは肉体《にくたい》となりて吾《われ》らの内《うち》に宿《やど》り給《たま》えり――「ヨハネ伝《でん》」第《だい》一章《しょう》)そうすると、内外一体《ないがいいったい》、環境は我《わ》が心、我《わ》が心はわが環境ということになってまいります。尤《もっと》もこの事《こと》はもっと委《くわ》しく後《のち》に申上《もうしあ》げるとして、六入処《りくにゅうしょ》(感受《かんじゅ》器官《きかん》)が発達《はったつ》したのは名色《みょうしき》(波動的存在)のおかげである。電波《でんぱ》を使用《しよう》する文《ぶん》化《か》が発達すると、電波探知器《でんぱたんちき》も発達するようなものであります。環境の変化《へんか》に応《おう》じて受入体制《うけいれたいせい》も変《かわ》ってまいります。ところで「名色《みょうしき》」即《すなわ》ち「波動《はどう》」はどうして起《おこ》るかというと、

　何《なに》に縁《よ》りて名色《みょうしき》ありや、識《しき》に縁《よ》りて名色《みょうしき》あり。

と釈尊《しゃくそん》は観《かん》じられたのであって、波動と言うものは物質《ぶっしつ》の波、心の波と区《く》別《べつ》して説《と》くけれども、結局《けっきょく》それは、唯一《ただひと》つの「識《しき》」の波動である。この宇《う》宙《ちゅう》に「識《しき》」が動かなければ客観世界《かっかんせかい》(名色《みょうしき》)もなければ、主観世界《しゅかんせかい》(識《しき》)もない。結局宇宙は唯識《ゆいしき》の展開《てんかい》だと言うことになるのであります。ところで、そ

「ヨハネ伝」『新約聖書』中の第四福音書。使徒ヨハネの著作とも後世ヨハネの叙述を編纂したものともいわれる。著者に『ヨハネ傳講義』の著作がある

唯識　法相宗の根本教義。一切のものは心の本体である識が現し出したものであり、識以外に実在するものはないということ

の「識《しき》」という心はどうして起《おこ》るかと言うと、それ以上《いじょう》考えることは出来《でき》ない。『阿含経《あごんぎょう》』には、

一時《いちじ》、仏《ほとけ》、舎衛国《しゃえこく》の祇樹給孤独園《ぎじゅきっこどくおん》に住《ましま》しき。爾時《そのとき》、世尊《せそん》、諸々《もろもろ》の比《び》丘《く》に告《つ》げたまわく、我《わ》れ宿 命《しゅくみょう》を憶《おも》うに、未《いま》だ正覚《しょうがく》を成《な》せざりし時《とき》、独《ひと》一静処《いちじょうしょ》にて専精《せんしょう》に禅思《ぜんし》し、是《こ》の念《ねん》を作《な》さく、「何《なん》の法《ほう》あるが故《ゆえ》に老死《ろうし》ありや、何《なん》の法《ほう》の縁《えん》の故《ゆえ》に老死ありや」と。即《すなわ》ち正しく思惟《しゆい》して如実無《にょじつむ》間等《げんとう》を生《しょう》ぜり、「生《しょう》あるが故《ゆえ》に老死あり、生《しょう》の縁《えん》の故《ゆえ》に老死あり」と。是《かく》の如《ごと》く、有《う》、取《しゅ》、愛《あい》、触《そく》、六入処《りくにゅうしょ》、名色《みょうしき》あり。「何《なん》の法《ほう》あるが故《ゆえ》に名《みょう》色《しき》ありや」と。即《すなわ》ち正しく思惟《しゆい》して、如実無間等《にょじつむげんとう》を生《しょう》ぜり。「識《しき》あるが故《ゆえ》に名色《みょうしき》あり、識《しき》の縁《えん》の故《ゆえ》に名 識《みょうしき》あり」と。我《わ》れ是思惟《このしゆい》を作《な》す時《とき》、識《しき》を斎《かぎ》りて還《かえ》り彼《かれ》を過《す》ぐること能《あた》わざりき。（安井廣度氏訳《やすいひろのりしやく》）

舎衛国　古代インドのコーサラ国の首都。舎衛城
祇樹給孤独園　祇園精舍。釈迦が教えを説いた僧園の一つ。須達長者が祇陀太子から買い求めた林園に建てた
比丘　男性の出家僧
宿命　前世に於ける善悪や苦楽など
正覚　真理を体得した悟り
専精　心を専一にして精進すること
思惟　考えをめぐらすこと
如実　真実のすがた
無間　無間地獄。地獄のうちで最もひどい苦しみを受ける所

かくて「識《もとのこころ》」が本源《ほんげん》となって、その波動《はどう》が「名色《みょうしき》」即《すなわ》ち、眼《め》に見えざる波動《コトバ》(名《みょう》)と、眼《め》に見える波動《はどう》(色《しき》)があらわれ、その波動《はどう》が縁《えん》となって、波動《はどう》を受入《うけい》れる器官《きかん》たるの「六入処《りくにゅうしょ》」が生《しょう》じ、その感受器官《かんじゅきかん》を縁《えん》として、その器官への接触《せっしょく》(触《そく》)を生《しょう》じ、その接触はすなわち触受《しょくじゅ》(受《じゅ》)を生《しょう》じ、感覚器官に受入《うけい》れることによって「愛《あい》」を生《しょう》じ、「愛《あい》」によって執着《しゅうじゃく》(取《しゅ》)が生《しょう》じ、「取《しゅ》」によって、ものを固定化《こていか》して物質的《ぶっしつてき》にあると観《み》る「有《う》」を生《しょう》じ、肉体《にくたい》もある、生《うま》れてここにある(生《しょう》)という観念《かんねん》を生《しょう》じ、肉体が自分《じぶん》であると思うから肉体に顕《あら》われる老病死《ろうびょうし》(略《りゃく》して「老死《ろうし》」)ありと観《み》る、そして諸々《もろもろ》の苦しみが集《あつま》って来るのであると釈迦《しゃか》は観《かん》じられた。そこでこの苦しみを滅《めっ》するにはどうすべきか。それを逆《ぎゃく》に観《かん》じて行《ゆ》けば好《よ》いのである。

我《わ》れ時《とき》に是念《このねん》を作《な》さく「何《なん》の法無《ほうな》きが故《ゆえ》に即《すなわ》ち老死無《な》く、何《なん》の法滅《ほうめっ》するが故《ゆえ》に老死滅《めっ》するや」と……「生《しょう》なきが故《ゆえ》に老死なく、生滅《しょうめっ》するが

故《ゆえ》に老死滅《ろうしめっ》す」と。是《かく》の如《ごと》く、生《しょう》・有《う》・取《しゅ》・愛《あい》・受《じゅ》・触《そく》・六入処《りくにゅうしょ》・名《みょう》色《しき》・識《しき》・行《ぎょう》あり、広く説《と》く。（同上《どうじょう》）

すなわち人生《じんせい》の老病死《ろうびょうし》の苦しみは、人間《にんげん》が生《うま》れるという事《こと》がなかったら無《な》いのです。吾々《われわれ》はこの肉体なる人間が「生れてここにある」という観念《かんねん》から脱却《だっきゃく》しなければならない。生《うま》れたように見えているけれども、それは太《たい》陽《よう》が東から差《さ》し昇《のぼ》って西に入《い》るように見えるけれども、そう見えるのは感覚《かんかく》の迷誤《めいご》である、逆《ぎゃく》に地球《ちきゅう》が廻《まわ》っているのだというふうに、感覚器官《かんかくきかん》、及《およ》び感《かん》覚作用《かくさよう》の否定《ひてい》、感官《かんかん》と感覚作用との本源《ほんげん》なる「識《しき》」の否定まで到達《とうたつ》したときはじめて、この肉体的存在《にくたいてきそんざい》は本来無《ほんらいな》いとわかるのであります。ところでその「識《しき》」は如何《いか》にして否定出来《ひていでき》るか。否定するためには、「識《しき》」のよって来《く》る縁《えん》を明《あきら》かにしなければならぬ。本来有《ほんらいあ》るものなら、滅《めっ》しようがない。縁《えん》によって生《しょう》じたものなら、縁《えん》を外《はず》すことによって滅《めっ》することが出来《でき》るのです。

迷誤　迷ってまちがえること

感官　感覚器官。身体の表面にあって、外界の刺激を感じとる器官

そこで「識《しき》」は本来有《ほんらいあ》るものか、それとも縁《えん》によって生《しょう》じたものかそれが問題《もんだい》になるのであります。釈尊《しゃくそん》は肉体《にくたい》ありと観《み》る原因《げんいん》たる「識《こころ》」は「行《ぎょう》」によって生《しょう》ずと観察《かんさつ》せられた。「行《ぎょう》」とは「業《ごう》」である。「業《ごう》が深い」などという場合《ばあい》の業《ごう》である。ワザであり、ハタラキであり、波動《はどう》であり、それは次へ次へと波及《はきゅう》する運動慣性《うんどうかんせい》である。それが原因となって「識《しき》」を生《しょう》ずる、その「行《ぎょう》」を滅《めっ》したら「識《しき》」が滅《めっ》する。「広く説《と》く」とは行《ぎょう》を滅《めっ》したら識《しき》がなくなる、その行《ぎょう》を滅《めっ》するには無明《むみょう》を滅《めっ》するというふうに広く十二因縁《いんねん》に応用《おうよう》して説《と》くという意味《いみ》であります。そこで釈尊《しゃくそん》は

「何《なん》の法滅《ほうめっ》するが故《ゆえ》に行滅《ぎょうめっ》するや」と観《かん》じ、かくて遂《つい》に、

「無明無《むみょうな》きが故《ゆえ》に行無《ぎょうな》く、無明滅《むみょうめっ》するが故《ゆえ》に行滅《ぎょうめっ》す」

という結論《けつろん》に到達《とうたつ》されたのです。「無明《むみょう》」というのは根本迷《こんぽんまよ》いである。迷いにも色々《いろいろ》の程度《ていど》があるが、根本迷いこそ「無明《むみょう》」である。「無《な》い」ものを「ある」と見る顚倒夢想《さかさまのおもい》である。業《ごう》なんて本来ないものをあると見る。そこ

業が深い　前世の善悪の行為によって現世で報いを受けるさま

波及　波が移ってゆくように、だんだんと影響の及ぶ範囲がひろがってゆくこと

から業《ごう》が消えない、業《ごう》が因《もと》になって、第《だい》二次《じ》の迷《まよ》い（識《しき》）を生《しょう》ずる。第三次、第四次の迷いが、感覚《かんかく》の錯誤《さくご》であり、肉体《にくたい》と言う観念《かんねん》であり、老病死《ろうびょうし》ありと言う想念《そうねん》である。老病死なんて無《な》い、元来生《がんらいうま》れたということも無《な》い、生《うま》れたことも無《な》いから老いることも病《や》むことも死することも無《な》い、元来《がんらい》「肉体」そのものがないのだ。感覚に映《うつ》る姿《すがた》などと言うものはただの波動《はどう》を自家《じか》独特《どくとく》の立場《たちば》と観念《かんねん》とで固定化《こていか》したものだ。感《かん》ずる心の立場《たちば》と観念内容《かんねんないよう》の異《こと》なるに随《したが》って、同一波動《どういつはどう》でも翻訳《ほんやく》（感受《かんじゅ》）の仕方《しかた》が異《こと》なる。人間《にんげん》には微《かす》かな響《ひびき》にしか感じない音《おと》が或《あ》る種《しゅ》の魚類《ぎょるい》には巨大《きょだい》な音にきこえ、人間には耳を劈《つんざ》くような大《だい》音響《おんきょう》が、ある種《しゅ》の生物《せいぶつ》にはほとんど感じない。或《あ》る人《ひと》には「大入道《おおにゅうどう》」と見える雲の形《かたち》が、雲中《うんちゅう》にいる人には眼《め》を遮《さえぎ》る霧《きり》と見える。吾々《われわれ》には素焼《すやき》の固い陶器《とうき》だと見えている器《うつわ》がウイルスのような微生物《びせいぶつ》には通過自在《つうかじざい》の隧道《トンネル》だと見える。要《よう》するに事物《じぶつ》はある通《とお》りに（実相通《じっそうどお》りに）見るものではなく、「ある」かの如《ごと》く相対的《そうたいてき》に、認《みと》めるに過《す》ぎない。相対《そうたい》と言うものは「関係《かんけい》」であ

錯誤　間違うこと。誤り

大入道　昔から各地に伝わる、坊主頭の妖怪

素焼　釉（うわぐすり）をかけずに低温で焼いた器

相対的　他のものとの比較において、そうであること

って「実在《ほんとにある》」ではない。この相対心《そうたいしん》（関係《かんけい》によって生《しょう》ずる心）が「無明《むみょう》」であるから「無明《むみょう》」は本来無《ほんらいな》い、「関係」の滅《めつ》と同時《どうじ》に滅《ほろぼ》してしまうものである。そこで相対認識《そうたいにんしき》の世界《せかい》にある生老病死《しょうろうびょうし》等《とう》は本来無《な》いところの「無明《むみょう》」の所産《しょさん》であるから、「無明《むみょう》」が無いとわかれば生老病苦《しょうろうびょうく》もないのだ。どんなにあると見えても無《な》い、無《な》いものは全然《ぜんぜん》ない。（普通《ふつう》の仏教解説書《ぶっきょうかいせつしょ》には「行《ぎょう》」と「無明《むみょう》」とを過去世《かこぜ》の二因《いん》として説明《せつめい》しているが、私は必《かなら》ずしも、これを過去世《かこぜ》にもって行《ゆ》く必要《ひつよう》はないと思う。私は上記《じょうき》の如《ごと》く、無明《むみょう》を根本《こんぽん》迷《まよ》いとし、識《しき》を第《だい》二次《じ》迷《まよ》いとして説明したのであります。）そこで釈尊《しゃくそん》は、

無明無《むみょうな》きが故《ゆえ》に行無《ぎょうな》く、無明滅《むみょうめつ》するが故《ゆえ》に、「行《ぎょう》」滅《めっ》す。「行《ぎょう》」滅《めっ》するが故《ゆえ》に「識《しき》」滅《めっ》し、識滅《しきめっ》するが故《ゆえ》に「名色《みょうしき》」滅《めっ》し、「名色《みょうしき》」滅《めっ》するが故《ゆえ》に「六入処《りくにゅうしょ》」滅《めっ》し、「六入処《りくにゅうしょ》」滅《めっ》するが故《ゆえ》に「触《そく》」滅《めっ》し、「触《そく》」滅《めっ》するが故《ゆえ》に、「受《じゅ》」滅《めっ》し、「受《じゅ》」滅《めっ》するが故《ゆえ》に「愛《あい》」滅《めっ》し、「愛《あい》」滅《めっ》する

過去世　この世に生まれる前の世。前世

が故《ゆえ》に「取《しゅ》」滅《めっ》し、「取《しゅ》」滅《めっ》するが故《ゆえ》に「有《う》」滅《めっ》し、「有《う》」滅《めっ》するが故《ゆえ》に「生《しょう》」滅《めっ》し、「生《しょう》」滅《めっ》するが故《ゆえ》に老病死憂悲悔苦滅《ろうびょうしゆうひかいくめっ》し、是《かく》の如《ごと》く是《かく》の如《ごと》くして純大苦聚滅《じゅんだいくじゅめっ》す。（同上）

と悟《さと》られたのである。無明《むみょう》から顕《あらわ》れたところの一切《いっさい》の苦聚《くじゅ》がなくなってしまったときにそこにあるものは仏《ほとけ》の世界《せかい》、神の世界ばかりであり、そこにいるものは仏《ほとけ》ばかりであり、神の子ばかりである。それが有情非情同時成道《うじょうひじょうどうじじょうどう》の世界である。人間《にんげん》は無明《むみょう》の所産《しょさん》で生《うま》れたところの肉体存在《にくたいそんざい》であると観《み》えるのは、無明本来無《まよいほんらいむ》であるならば、無《む》より生《しょう》じたる第《だい》三次《じ》第四次の迷《まよ》いであるから本来無《な》い。要《よう》するに『般若経《はんにゃきょう》』は否定《ひてい》に否定を重ねて、肉体無《にくたいむ》、物質無《ぶっしつむ》（五蘊皆空《ごうんかいくう》）を説《と》き、その奥《おく》に実相自由自在《じっそうじゆうじざい》の人間を肯定《こうてい》したものである点《てん》「生長《せいちょう》の家《いえ》」と同じなのであります。

苦聚　『過去現在因果経』にある言葉。苦しみのあつまり

有情非情　心の働きを持つものと持たないもの

所産　産み出されたもの

五蘊皆空　「五蘊」はすべての存在を構成する五つの要素である「色受想行識」。それらがみな実体がなく空である意

十二

観自在菩薩《かんじざいぼさつ》、深般若波羅蜜多《じんはんにゃはらみた》を行《ぎょう》じたまう時《とき》、五蘊皆空《ごうんかいくう》なりと照見《しょうけん》して一切《いっさい》の苦厄《くやく》を度《ど》したまう。舎利子《しゃりし》よ、色《しき》は空《くう》に異《こと》ならず、空《くう》は色《しき》に異《こと》ならず。色即《しきそのま》まに是《こ》れ空《くう》なり、空即《くうそのま》まに是《こ》れ色《しき》なり。受想行識《じゅそうぎょうしき》も亦《また》復是《またかく》の如《ごと》きなり。舎利子《しゃりし》よ、是《こ》の諸法《しょほう》の空相《くうそう》は、生《しょう》ぜず滅《めっ》せず、垢《あか》つかず浄《きよ》からず、増《ま》さず減《へ》らず。是《こ》の故《ゆえ》に空中《くうちゅう》には、色《しき》も無《な》く、受想行識《じゅそうぎょうしき》も無《な》く、眼《げん》・耳《に》・鼻《び》・舌《ぜっ》・身《しん》・意《に》もなく、色声香味触法《しきしょうこうみそくほう》もなく、眼界《げんかい》もなく乃至意識界《ないしいしきかい》も無《な》く、無明《むみょう》もなく、亦無明《またむみょう》の尽《つ》くることもなく、乃至《ないし》、老死《ろうし》もなく、亦《また》老死の尽くることも無《な》く、苦《く》、集《じゅう》、滅《めつ》、道《どう》も無《な》く、智《ち》も無《な》く、亦得《またとく》も無《な》し。無所得《むしょとく》を以《もっ》ての故《ゆえ》なり。菩提薩埵《ぼだいさった》は般若波羅蜜多《はんにゃはらみた》に依《よ》るが故《ゆえ》に、心罣礙《こころけいげ》無《な》し、罣礙《けいげ》無《な》きが故《ゆえ》に恐怖《くふ》有《あ》ること無《な》し、顛倒《てんどう》

頭注版㊴一二六頁

観自在菩薩　観世音菩薩の別名。観音
照見　物事の本質を見きわめること
苦厄　苦悩と災厄。くるしみとわざわい
度す　仏が救うこと
舎利子　釈迦の十大弟子のうち智慧第一と言われた舎利弗（しゃりほつ）
菩提薩埵　「菩薩」に同じ。仏の次の位にある修行者
般若波羅蜜多　迷いの世界から悟りの世界(彼岸)へ到るための最高の智慧を完成させること
罣礙　さまたげること。また、さまたげとなる物事
顛倒夢想　さかさまの思い

夢想《むそう》を遠離《おんり》して、究竟涅槃《くぎょうねはん》す。三世《さんぜ》の諸仏《しょぶつ》も般若波羅蜜多《はんにゃはらみた》に依《よ》るが故《ゆえ》に阿耨多羅三藐三菩提《あのくたらさんみゃくさんぼだい》を得《え》たまう。故《ゆえ》に知《し》んぬ、般若波羅蜜多《はんにゃはらみた》は、是《こ》れ大神呪《だいじんじゅ》なり、是《こ》れ大明呪《だいみんじゅ》なり、是《こ》れ無上呪《むじょうじゅ》なり、是《こ》れ無等等呪《むとうとうじゅ》なり。能《よ》く一切《いっさい》の苦厄《くやく》を除《のぞ》いて、真実《しんじつ》にして虚《きょ》ならず。故《ゆえ》に般若波羅蜜多《はんにゃはらみた》の呪《じゅ》を説《と》く。即《すなわ》ち呪《じゅ》を説《と》いて曰《いわ》く。………（『般若波羅蜜多心経《はんにゃはらみたしんぎょう》』）

これは唐《とう》の玄奘三蔵《げんじょうさんぞう》訳《やく》の『般若心経《はんにゃしんぎょう》』の一節《せつ》であります。無明《むみょう》もないから、無明《むみょう》の尽《つ》くることも無《な》い。老死《ろうし》もないから、老死の尽くることもない。色即是空《しきそくぜくう》すなわち物質《ぶっしつ》(色《しき》)はあるがままにそのままに空《くう》なのである。「即《そく》」はそのままである。物質は否定《ひてい》して空《くう》なのではなく、否定するもしないもない、そのまま空《くう》なのであって、空即《くうその》まに物質と見えているのである。空《くう》は単《たん》なる「無《な》い」ではなく、そのまま不増不減金剛不壊《ふぞうふげんこんごうふえ》の実体《じったい》なのである。その不増不減金剛不壊《こんごうふえ》の実体を自覚《じかく》するには、五官六根《ごかんろっこん》の感覚《かんかく》の否定を必要《ひつよう》と

遠離 放ち去ること
究竟 究極の境地に達すること
無等等呪 等しいものがないほどすぐれた呪文
玄奘三蔵 唐代の仏教者、翻訳僧。インド、西域から仏典を持ち帰り、『大般若経』等多くの仏典を漢訳した。唐の太宗の勅命に奉答して求法の旅行記『大唐西域記』を撰述し、弟子の弁機が編述して上奏した
金剛不壊 「金剛」はダイヤモンド。非常に堅固でどんなものにも壊されないこと

する。だから眼耳鼻舌身意無《げんにびぜっしんにな》しと否定《ひてい》している。かくて、菩提薩埵《ぼだいさった》即《すなわ》ち菩薩《ぼさつ》大士《だいし》はそのままにこの身《み》このまま金剛不壊《こんごうふえ》の久遠法身《くおんほっしん》なりと自覚《じかく》するから、心に罣礙《さまたげ》なく自由自在《じゆうじざい》を得《え》て、恐怖心《きょうふしん》がなくなる。三世《さんぜ》の諸仏《しょぶつ》もこの般若波《はんにゃは》羅蜜多《らみた》の行《ぎょう》によって阿耨多羅三藐三菩提《あのくたらさんみゃくさんぼだい》即《すなわ》ち悟《さと》りを得《え》たと言うのである。

この身《み》このまま金剛不壊《こんごうふえ》の久遠法身《くおんほっしん》と悟れば、これが即身成仏《そくしんじょうぶつ》である。この身このまま大日如来《だいにちにょらい》の法身《ほっしん》である。物質的《ぶっしつてき》に肉体《にくたい》と見える姿《すがた》がどうあろうとも、それを超《こ》える、そしてこのまま法身《ほっしん》、霊身《れいしん》、金剛不壊身《こんごうふえしん》、久遠人間《くおんにんげん》と解《わか》る。物質身《ぶっしつしん》から法身《ほっしん》への吾《わ》れの置換《おきか》えである。キリストの言った「天《てん》より降《くだ》りし者《もの》のほか天に昇《のぼ》りし者なし」という意味《いみ》の天より降《くだ》りし「神の子」が自分自身《じぶんじしん》であると悟るのである。「神の子」をただ某《あ》る特定《とくてい》の人《ひと》のみだと思ってはならない。人間《にんげん》は皆《みな》このままに神の子なのである。蛇《へび》の知恵《ちえ》（知恵の樹《こ》の果《み》の知恵――五官知《ごかんち》）で見たときには人間は物質身《ぶっしつしん》（「汝《なんじ》は塵《ちり》なれば塵《ちり》に帰るべきなり」）であるが、般若《はんにゃ》の智慧《ちえ》（五蘊皆空《ごうんかいくう》、無眼耳鼻舌身意《むげんにびぜっしんに》の智《ち》

法身　仏の三身の一つ。真理そのものの仏の本体

三世の諸仏　あらゆる仏。三世三千仏。過去荘厳劫・現在賢劫・未来星宿劫の三世それぞれに一千ずつ出現する仏

即身成仏　この身このままで仏になること

大日如来　真言密教の本尊。毘盧遮那仏

「天より降りし…」『新約聖書』「ヨハネ伝」第三章にあるキリストの言葉

「汝は塵なれば…」『旧約聖書』「創世記」第三章一九節。本全集第十九巻「万教帰一篇」上巻一三六頁参照

般若の智慧　真理を悟る智慧

慧《え》）で見れば、人間《にんげん》はこのまま金剛不壊法身《こんごうふえほっしん》である。このまま如来《にょらい》である、このまま仏《ほとけ》である、このまま神の子であるのであります。ここに病老死憂《びょうろうしゆう》悲悩苦《ひのうく》の世界《せかい》を超《こ》えて吾々《われわれ》はエデンの楽園《らくえん》を奪還《だっかん》し得《う》るのであります。

五官《ごかん》の眼《め》で見れば、地球《ちきゅう》に生《しょう》じた黴《かび》の一種《いっしゅ》に過《す》ぎない人間が、般若《はんにゃ》の智慧《ちえ》で見れば、神仏《しんぶつ》のままの法身《ほっしん》である。これをキリストは「人《ひと》あらたに生《うま》れる」と言われたのです。法身《ほっしん》とは真理《しんり》の身体《からだ》である。キリストが言われた「吾《わ》れは生命《せいめい》なり真理《しんり》なり道《みち》なり」である。現実人間《げんじつにんげん》は、一方《いっぽう》に滅《めっ》すべき「肉」なりとの妄覚《もうかく》と、久遠不滅法身《くおんふめつほっしん》なりとの内在自覚《ないざいじかく》との、二《ふた》つの「覚《さとり》」の間《あいだ》に彷徨《ほうこう》するところの鵺的存在《ぬえてきそんざい》である。肉より生《しょう》じたと言う妄覚《もうかく》を打破《だは》してしまわない限《かぎ》りは、生命内在必然《せいめいないざいひつぜん》の要請《ようせい》が満足《まんぞく》しない。この内的必然《ないてきひつぜん》の要請を満足せしむるものが、仏教《ぶっきょう》では釈迦《しゃか》が摩耶夫人《まやぶにん》の右脇《みぎわき》に懐妊《かいにん》したとの神話《しんわ》であり、キリスト教《きょう》ではマリヤの処女懐妊《しょじょかいにん》の神話である。それは人間は「肉より生《うま》れたる肉」にあらずとの自覚《じかく》の転換《てんかん》である。キリスト曰《いわ》く、「肉

妄覚　まちがった分別や理解

彷徨　あてどもなしに、あちらこちらさまよい歩くこと

鵺　不吉で不気味な怪鳥。また、『平家物語』にある「源三位頼政のぬえ退治」の伝説より、正体不明で曖昧な人物や、奇異な感じをいだかせる物事

摩耶夫人　釈迦の生母。釈迦の父である浄飯王の王妃。仏母（ぶつも）

より生《うま》るるものは肉なり、霊《れい》より生《うま》るる者《もの》のみ霊《れい》なり。」この自覚《じかく》に生《うま》れかわると共《とも》に一切《いっさい》の物質《ぶっしつ》としての肉体《にくたい》に附随《ふずい》するところの苦厄《くやく》が解放《かいほう》されるのであります。

観世音菩薩《かんぜおんぼさつ》は一切の苦厄《くやく》を度《すく》うのに五蘊皆空《ごうんかいくう》と照見《しょうけん》せられたのだと釈迦《しゃか》がお説《と》きになったのがこの『般若心経《はんにゃしんぎょう》』なのであります。昔《むかし》から『般若《はんにゃ》経《きょう》』を翻読《ほんどく》するだけでも病気《びょうき》が治《なお》り、魔障《ましょう》が解除《かいじょ》せられると伝えられておりますのも、その根本《こんぽん》は、物質無《ぶっしつむ》、肉体無《にくたいむ》、五官無《ごかんむ》、六根無《ろっこんむ》……併《しか》して一切の固定《こてい》せる「生命《せいめい》の自由《じゆう》への障礙《しょうがい》」を否定《ひてい》し去った結果《けっか》、完全《かんぜん》なる「生命《せいめい》の自由」を恢復《かいふく》し得《え》、そこに真空妙有《しんくうみょうう》の世界《せかい》を肯定《こうてい》し得《う》ることになるからであります。諸君《しょくん》は、「人間《にんげん》は神の子」と言う実相《じっそう》を肯定し自覚する為《ため》に、この否定の哲学《てつがく》を一度通過《どつうか》して、更《さら》に物質肉体あるがままに「空《くう》」にして自在《じざい》なるところの、妙有《みょうう》の真身《しんしん》を自覚しなければならないのであります。それには本を読んで唯《ただ》「頭《あたま》」で解《わか》るだけではいかぬ。観世音菩薩《かんぜおんぼさつ》の深般若波羅蜜多《じんはんにゃはらみた》

観世音菩薩　『般若心経』にある観自在菩薩の別名。最もひろく崇拝されている菩薩。大慈大悲に富み、三十三の姿に変じて人間の一切の悩み苦しみを除くとされる

翻読　何度も繰り返し読むこと

魔障　仏道修行の邪魔をする者

六根　本書四頁の「六根六識」の「六根」に同じ

真空妙有　真に実体のないものがそのまま本当にあるものだということ

行《ぎょう》を行《ぎょう》じて、絶対実在《ぜったいじつざい》の絶対認識《ぜったいにんしき》を必要《ひつよう》とするのであります。生命《いのち》を生命《いのち》で直接把握《ちょくせつはあく》するのであります。この観世音菩薩《かんぜおんぼさつ》の行《ぎょう》じられた深般若波羅蜜多《じんはんにゃはらみた》行《ぎょう》が、生長《せいちょう》の家《いえ》で指導《しどう》し実修《じっしゅう》せしめている神想観《しんそうかん》であります。

十三

般若《はんにゃ》は梵語《ぼんご》、此《ここ》には智慧《ちえ》と言う。諸々《もろもろ》の境界《きょうがい》を逐《お》うて、心《こころ》、真《しん》に背《そむ》くが故《ゆえ》に無我《むが》を知らず、我《われ》は即《すなわ》ち愚癡《ぐち》の全体《ぜんたい》なり。愚癡《ぐち》を離《はな》るるを智《ち》といい、其《そ》の方便《ほうべん》あるを慧《え》という。智《ち》は慧《え》の体《たい》、慧《え》は智《ち》の用《よう》なり。衆生《しゅじょう》本来具足《ほんらいぐそく》す。三世《さんぜ》の諸仏《しょぶつ》、歴代《れきだい》の祖師《そし》、天下《てんか》の老和尚《ろうおしょう》、之《これ》によりて妙《みょう》用《よう》を施《ほどこ》し、神通《じんずう》を現《げん》じ、唱《しょう》を下《くだ》し棒《ぼう》を行《ぎょう》ず、真《しん》の般若《はんにゃ》は文字《もんじ》に非《あら》ず、蠢《しゅん》動含霊本来《どうがんれいほんらい》の真性《しんしょう》なり。（蘭渓禅師《らんけいぜんじ》『註心経《ちゅうしんぎょう》』）

神想観　著者が啓示によって得た坐禅に似た観法。本全集第十四、十五巻「観行篇　神想観実修本義」参照
頭注版㊴一三〇頁

梵語　古代インドの文章語。サンスクリット

愚癡　愚かで一切の道理にくらいさま

方便　衆生を教導するための手段

体　からだ。かたち

用　はたらき。作用

具足　不足なく充分に備わっていること

祖師　仏教で一つの宗派を開いた人

妙用　霊妙な作用

神通　何事でもなしうる霊妙な力

唱　禅宗で、宗旨の大綱を説いて示すこと。提唱

棒　坐禅で、警策と呼ばれる法具。修行者の肩に打ちつけて注意を与えたり眠気を払ったりする

蠢動含霊《しゅんどうがんれい》とは、霊《れい》を備《そな》えてうごめいている者《もの》、即《すなわ》ち生きとし生けるもののことであります。生きとし生ける者《もの》の本来《ほんらい》の真性《しんせい》、その実相《じっそう》そのものは物質《ぶっしつ》ではない。このままに「般若《はんにゃ》」そのもの智慧《ちえ》そのものだと言うのであります。吾々《われわれ》の本体《ほんたい》は物質身《ぶっしつしん》ではない、肉体身《にくたいしん》ではない、智慧身《ちえしん》である。宇宙《うちゅう》に満《み》ちている観自在《かんじざい》の智慧《ちえ》である。宇宙に普く充《み》ち満《み》ちている智慧《ちえ》(賢)そのものが、「身《み》をちぢめて小《しょう》ならしめ」(『観普賢菩薩行法経《かんふげんぼさつぎょうほうきょう》』)て、仮《か》りに、物質《ぶっしつ》身《しん》に見えて顕《あらわ》れているのが吾々人間《われわれにんげん》であります。だから吾々《われわれ》人間はこの身《み》このまま普賢菩薩《ふげんぼさつ》(遍満《へんまん》の智慧身《ちえしん》)なのであります。智慧自在《ちえじざい》、観察自在《かんさつじざい》、観《み》るに随《したが》って観《み》る通《とお》りに自在《じざい》に方便身《ほうべんしん》を顕《けん》ずるので、観自在菩薩《かんじざいぼさつ》とも申《もう》すのであります。吾々《われわれ》はこの身このままが観世音菩薩《かんぜおんぼさつ》であり、普賢菩薩《ふげんぼさつ》なのであります。どこに病気《びょうき》がある、どこに悩《なや》みがある、どこに不幸《ふこう》がある。そんなものは無《な》いのだ、全然無《ぜんぜんな》いのだ。それを知らぬから苦しむのだ。知れ、知れ、汝《なんじ》の実相身《じっそうしん》が観世音菩薩《かんぜおんぼさつ》であり、普賢菩薩《ふげんぼさつ》であることを。その時《とき》たちまち汝《なんじ》の

蘭溪禅師　大覚派の祖である蘭溪道隆。鎌倉時代中期に南宋から渡来した臨済宗の僧。北条時頼の帰依を受けて建長寺の開山となった

『観普賢菩薩行法経』　『仏説観普賢菩薩行法経』。『無量義経』『妙法蓮華経』とともに法華三部経の一つ

方便身　衆生を導くために便宜的に現れた身

病《やま》いは、不幸《ふこう》は、自消自壊《じしょうじかい》してしまうのであります。

吾々人間《われわれにんげん》がここに生きているのは「神の子」の生命《せいめい》が生きているのである、神聖受胎《しんせいじゅたい》である。これを英語《えいご》では"Immaculate Conception"と言う、汚《けが》れない妊娠《にんしん》(不染妊娠《ふせんにんしん》)である。肉欲《にくよく》によって生《うま》れたのでもなければ、姦淫《かんいん》によって生《うま》れたのでもない。『生命《せいめい》の實相《じっそう》』の「実相篇《じっそうへん》」には、「人間は未《いま》だ嘗《かつ》て女性《じょせい》の子宮《しきゅう》から生《うま》れたことはない」とハッキリ書いてある。常識的《じょうしきてき》に考えたら隋分乱暴《ずいぶんらんぼう》なことを書いたものだと思われるかも知れませぬが、常識《じょうしき》的人間観《てきにんげんかん》というものは五官知《ごかんち》を基礎《きそ》とした迷妄《めいもう》であり、それ故《ゆえ》にこそ知恵《ちえ》の樹《こ》の果《み》(五官知《ごかんち》)を食べた人間は「汝《なんじ》は塵《ちり》なれば塵に帰るべきなり」と久遠生命《くおんせいめい》を否定《ひてい》せられたのであります。久遠生命《くおんせいめい》(死なない生命《いのち》)を奪還《だっかん》するためには、五官知を否定しなければならない。見える象《かたち》は必《かなら》ずしも実相《じっそう》ではない。実相は五官知の否定(五蘊皆空《ごうんかいくう》と照見《しょうけん》)することにより把握《はあく》せられるのであります。そのためには、「五官《ごかん》の世界《せかい》を去って実相の世界に超入《ちょうにゅう》する」こと

神聖受胎　神の働きによって処女で受胎すること。聖母マリアがイエス・キリストを懐妊したことなど

"Immaculate Conception"　カトリックで「無原罪の御宿り」の意。本全集第五十六巻「下化衆生篇」第三章参照

姦淫　女性を犯すこと

「実相篇」　本全集第二〜四巻「光明の真理」

が必要《ひつよう》なのであります。そのためにこそ吾々《われわれ》は「深《じん》」般若波羅蜜多《はんにゃはらみた》の行《ぎょう》をする、即《すなわ》ち神想観《しんそうかん》の行《ぎょう》をするのであります。

「深《じん》」は甚深微妙《じんじんみみょう》の意《い》であり、般若《はんにゃ》は前述《ぜんじゅつ》した通《とお》り「智慧《ちえ》」である。人間《にんげん》知恵《ちえ》、五官《ごかん》でなく「実相智《じっそうち》」である。「波羅蜜多《はらみた》」は「到彼岸《とうひがん》」である、彼岸《ひがん》に渡《わた》るのである。彼岸とは、現象世界《げんしょうせかい》(アラワレの世界《せかい》)を超《こ》えて、彼方《かなた》の世界(実相世界《ほんとにあるせかい》)のことである。何《なに》が何《なん》でも先《ま》ず「人間が肉体《にくたい》である」という現象世界に眼《め》をつぶれ、そして彼方《かなた》の世界に渡ることだ。そして実相《じっそう》世界《せかい》をわがものとすることである。「彼方《かなた》」を「今《いま》・此処《ここ》」とすることである。天国浄土《てんごくじょうど》を彼方《かなた》の遠き世界に観《み》ず、「今・此処《ここ》」に顕現《けんげん》する、「今・此処《ここ》」に把握《はあく》する——これが、人間観《にんげんかん》のコペルニカス的転回《てきてんかい》をすることである。これが真《しん》の悔改《くいあらた》めである。「悔改《くいあらた》めよ、神の国《くに》は今此処《ここ》にあり」である。聖書《せいしょ》の“Repent, for the kingdom of Heaven is at hand”を訳《やく》するとこうなる。「神の国《くに》は近づけり」と在来《ざいらい》の日本語訳聖書《にっぽんごやくせいしょ》に訳《やく》されている意味《いみ》は誤《あやまり》

甚深微妙　仏教語。深遠で奥深く、言葉に表せないほどすぐれていること

コペルニカス的転回　従来とは根本的に異なる画期的な考え方。コペルニカス（一四七三～一五四三）は地動説を唱えたポーランドの聖職者、天文学者

「悔改めよ、…」『新約聖書』「マタイ伝」第三章二節の洗礼のヨハネの言葉

在来　これまであった

である。"at hand"は「手の届《とど》くところに」今利用出来《いまりようでき》るようにあると言うことである。神の国《くに》(浄土《じょうど》といっても好《よ》い)が此処《ここ》に手のとどく処《ところ》に、利用出来るようにあるのだ。諸君《しょくん》よこれを信ぜよ。信念《しんねん》は力《ちから》である。信念だにあらば、神の国は今此処《ここ》に即刻《そっこく》に実現《じつげん》するのだ。先《ま》ず汝《なんじ》が「神の子」であることを信ぜよ。今現実世界《げんじつせかい》に役《やく》に立つ神を信ぜよ、その時《とき》の信仰《しんこう》をわがものとせよ。事物《じぶつ》に勝つ為《ため》には神を味方《みかた》としなければならぬ。米英《べいえい》の光明思想家《こうみょうしそうか》は「現実に役に立つ神」を"available God《アベイラブルゴッド》"と呼んでいる。神を「今此処《ここ》」即《すなわ》ち"Eternal Now《エターナルナウ》"に把握《はあく》するとき今此処《ここ》に神の生活《せいかつ》が実現《じつげん》するのである。今が神の時であり、此処《ここ》が神の処であり、此《こ》の我《われ》が神の人である。この把握によって、在来《ざいらい》の世界観《せかいかん》、人間観《にんげんかん》が三百六十度転回《どてんかい》する。(百八十度転回では、「平常心是道《へいじょうしんこれみち》」――このままの生活に道を行《ぎょう》ずるようにはならない。肉を否定《ひてい》して山へ籠《こも》る程度《ていど》の小乗的悟《しょうじょうてきさと》りに堕《だ》する。肉体《にくたい》あるがままにそのままに空《くう》を観《かん》じて、そのままに金剛不壊身《こんごうふえしん》を自覚《じかく》するのが大乗的悟《だいじょうてきさと》りであ

「平常心是道」 道元著『正法眼蔵』にある言葉。日常の生活そのままが道と一体であり、悟りそのものである、ということ

小乗的 「小乗」は小さな乗り物の意。自己の悟りを第一とするさま

大乗的 「大乗」は大きな乗り物の意。個人の悟りにとどまらず、多くの人々の救いを第一とするさま

り、人間観《にんげんかん》の三百六十度転回《どてんかい》である）物質《ぶっしつ》あるがままにそのままに空《くう》と観《かん》じて、そのままに霊的生命《れいてきせいめい》の世界《せかい》、叡智充満《えいちじゅうまん》せる「神の国《くに》」（浄土《じょうど》）を今此処《いまここ》に自覚《じかく》するのが大乗的悟《だいじょうてきさと》りであります。釈迦《しゃか》もこの大乗的悟りに到達《とうたつ》したのである。そこから奇蹟《きせき》を生《しょう》じたのです。生長《せいちょう》の家誌友《いえしゆう》中《ちゅう》にも奇蹟的治病《きせきてきちびょう》や無限供給《むげんきょうきゅう》が起《おこ》る事実《じじつ》があるのもこの人間観・世界観《せかいかん》の三百六十度転回によって、神の国（浄土《じょうど》）が今此処《ここ》に実現《じつげん》するからであります。

十四

キリストの誕生《たんじょう》は左《さ》の如《ごと》し。その母マリヤ、ヨセフと許婚《いいなずけ》したるのみにて、未《いま》だ偕《とも》にならざりしに、聖霊《せいれい》によりて孕《みごも》り、その孕《みごも》りたること顕《あらわ》れたり。夫《おっと》ヨセフは正しき人《ひと》にして之《これ》を公然《おおやけ》にするを好《この》まず、私《ひそか》に離《り》縁《えん》せんと思う。斯《か》くて、これらの事《こと》を思《おも》い回《めぐ》らしおるとき、視《み》よ、主《しゅ》の

誌友　狭くは月刊誌『生長の家』の読者を指し、広くは「生長の家」信徒を指す

頭注版㊴一三三頁

左の如し　縦書きの文書で、左の方すなわち次に書いた事柄の通りである

許婚　親同士が幼少の子同士の結婚を約束すること

聖霊　高級神霊界から人間に真理を悟らせるために働く存在。キリスト教で、「神・キリスト・聖霊の三位一体」の中の三番目の神格

使《つかい》、夢《ゆめ》にあらわれて言う「ダビデの子ヨセフよ、妻《つま》マリヤを納《い》るる事《こと》を恐《おそ》るな。その胎《はら》に宿《やど》る者《もの》は聖霊《せいれい》によるなり。」

（「マタイ伝《でん》」第《だい》一章《しょう》十八～二十）

納れる　嫁にもらう

汝《なんじ》ら心を騒《さわが》すな、また懼《おそ》るな。「われ往《ゆ》きて汝《なんじ》らに来《きた》るなり」と言いしを汝《なんじ》ら既《すで》に聞けり。もし我《われ》を愛せば父にわが往《ゆ》くを喜《よろこ》ぶべきなり。……父よ、なんじ我《われ》に在《いま》し、我《われ》なんじに居《お》るごとく、彼《かれ》らも我らに居《お》らん為《ため》なり……是《これ》われらの一《ひと》つなる如《ごと》く、彼らも一つとならん為《ため》なり。即《すなわ》ち我《われ》かれらに居《お》り、汝《なんじ》われに在《いま》し、彼ら一つとなりて全《まった》くせられん為《ため》なり。

（「ヨハネ伝」第十四章二十七～二十八・第十七章二十一～二十三）

第一の引用文《いんようぶん》はイエスの受胎《じゅたい》が聖霊《せいれい》の受胎の事《こと》であり、第二の引用文はイエスがいよいよ十字架《じゅうじか》に釘《くぎ》づけらるべく捕《とら》えられる直前《ちょくぜん》の最後《さいご》の言葉であり、「われ」と言うのはイエスであり、「我ら」とあるのは「父とキリスト」の事《こと》であります。イエス十字架《じゅうじか》の目的《もくてき》はこの祈《いの》りにハッキリあらわれている。すなわち父とキリストと吾々人間《われわれにんげん》とがキリストの十字架（肉体の否定）に縁《よ》って「われ往《ゆ》きて汝《なんじ》ら（人間）に来《きた》るなり」と言われたる如《ごと》く、キリスト吾《われ》らに来《きた》り給《たま》い（人間に宿《やど》るキリスト）、神とキリストと人間とが一体《いったい》になり、「全《まった》くせられる」（they may be made perfect in one）為《ため》であります。否《いな》、既《すで》にイエスの「肉体《にくたい》の否定《ひてい》」すなわち十字架《じゅうじか》の実践《じっせん》によって、人間と神とをへだてていた最後《さいご》の障礙物《しょうがいぶつ》〈人間は肉体なり〉との観念《かんねん》は破摧《はさい》し、人間は「完《まった》くせられ」本来《ほんらい》の完全さに復帰《ふっき》したのであります。人間は本来完全《かんぜん》であり、健全《けんぜん》なのであります。人間は本来肉体ではなく聖霊《せいれい》そのものだったのです。それにもかかわらず「肉体なり」との迷妄《めいもう》を五官知《ごかんち》（蛇《へび》の教《おし》えたる知恵《ちえ》の樹《こ》の実《み》）より得《え》たために、実相《じっそう》エデンの楽園《らくえん》より追放《ついほう》され、五官《ごかん》の世界《せかい》を彷徨《ほうこう》していたのでありますが、今《いま》や、その迷妄《めいもう》は除去《じょきょ》されたのです。

破摧　破りくだいてこわすこと

吾々人間《われわれにんげん》はイエスと共《とも》に、既《すで》に「久遠生命《くおんせいめい》」に復活《ふっかつ》し、父と子と人間と一体《いったい》となったのです。吾《われ》らは既《すで》に完《まった》くせられたる聖霊《せいれい》そのものなのであります。吾《われ》らは肉より生《うま》れず、淫行《いんこう》より生《うま》れず、女性《じょせい》の子宮《しきゅう》より生《うま》れず、神より生《うま》れたのであります。吾々《われわれ》が出生《しゅっしょう》のとき通過《つうか》する女性の子宮はただ感官《かんかん》より観《み》たる場合《ばあい》の通路《つうろ》であり、神こそ吾《われ》らの本源《ほんげん》なのであります。

人間が肉体《にくたい》の人間の子でないのは、人間がいくら自分《じぶん》で子供《こども》を生《う》みたいと思っても生《うま》れるものでもなく、子供を要《い》らぬと思ってもたくさん生《うま》れる事実《じじつ》でも証明《しょうめい》されるのであります。どんなに避妊法《ひにんほう》を行《おこな》っても、生《うま》れる人《ひと》は生《うま》れるのであります。昭和《しょうわ》十九年《ねん》八月七日《がつなのか》の『朝日新聞《あさひしんぶん》』、家庭欄《かていらん》に、東京《とうきょう》助産女学校校長《じょさんじょがっこうこうちょう》、医学博士佐久間兼信《いがくはくしさくまかねのぶ》氏の談《だん》が載《の》っています。それによると、手術《しゅじゅつ》に巧《たく》みなる信用《しんよう》ある医師《いし》が避妊法を施《ほどこ》すために左右《さゆう》の卵管《らんかん》を切除《せつじょ》して、卵巣《らんそう》から卵子《らんし》が子宮内《しきゅうない》へ下降出来《かこうでき》ないようにしても妊娠《にんしん》することがある、生命《せいめい》の神秘《しんぴ》は実《じつ》に測《はか》り知《し》るべからざるものがあると言うのです。また

淫行　みだらな行為

『朝日新聞』　明治十二年に大阪で創刊した日刊新聞。『東京朝日新聞』の創刊により大阪発刊版は『大阪朝日新聞』と称した。昭和十五年に『朝日新聞』に統一した

東京助産女学校　東京市神田区にあった産婆（助産師の旧称）を養成した女学校

佐久間兼信氏　明治十三～昭和四十年。医学博士。東京助産女学校校長。『産婆学教科書』『産婆学独習書』等、著書多数

産《さん》婦《ふ》人《じん》科《か》の徳《とく》久《ひさ》克《かつ》己《み》博《はく》士《し》の昭《しょう》和《わ》十八年頃《ねんごろ》の著《ちょ》『夫《おっと》と妻《つま》との間《あいだ》』なる書《しょ》には、膀胱膣漏《ぼうこうちつろう》といって膀胱《ぼうこう》が破《やぶ》れて膣《ちつ》と膀胱とが互《たがい》に行《ゆ》き抜《ぬ》けて尿《にょう》が溜《たま》るにつれて常《つね》に間断《かんだん》なく膣口《ちつこう》に尿《にょう》が漏《も》れる病気《びょうき》がある。こういう場合《ばあい》には膣口《ちつこう》を縫《ほう》合《ごう》して閉鎖《へいさ》するほかに治療《ちりょう》の道《みち》がない、しかも膣口《ちつこう》を閉鎖してさえもその婦人《ふじん》が妊娠《にんしん》することがあるという事実《じじつ》が発表《はっぴょう》されているのであります。昭和十九年末《まつ》私が上海《シャンハイ》へまいりました時《とき》には小原《おはら》さんと言う誌友《しゆう》の細君《さいくん》は卵《らん》巣《そう》を左右両方《さゆうりょうほう》とも同潤会病院《どうじゅんかいびょういん》で手術《しゅじゅつ》して切除《せつじょ》した。それは生長《せいちょう》の家誌友《いえしゆう》になる以前《いぜん》のことであったが、その後結婚《ごけっこん》して子供《こども》が生《うま》れたと言ってお礼《れい》のためにとてその赤《あか》ん坊《ぼう》を抱《だ》いて来られた。左右とも卵巣が無《な》いのに赤ん坊が生《うま》れたというのは常識《じょうしき》で考えると不可能《ふかのう》のことだと思われますが、神は不可能を可能《かのう》となし給《たま》うのでありますし、人間《にんげん》そのものは、聖霊《せいれい》そのものであるから、別《べつ》に「卵巣」がなくとも、聖霊《せいれい》そのものが妊《はら》めば生《うま》れるのであります。諸君《しょくん》は卵巣が無《な》ければ人間は生《うま》れるはずがないとお考えになるかも知れ

徳久克己博士　明治四十三〜平成十三年。医学博士。元生長の家本部理事長。満洲で病院長を務めた。帰国後に生長の家本部に奉職した。練成道場の設立や国内外での伝道に貢献した。『結婚の幸福』『心とカラダと運命』等、著書多数

上海へまいりました時　著者夫妻は昭和十九年十一月二十二日より、江蘇省兵団長小林信男中将の招聘により北支・中支を巡錫した。江蘇省の駐屯軍への講演、撫順での支那人捕虜への講演をはじめ、上海、北京、天津、青島等で講演した

ませぬけれども、それならば、人間《にんげん》の祖先《そせん》を遡《さかのぼ》って人類最初《じんるいさいしょ》の人間はどこから生《うま》れたのでありましょうか。まさか神様《かみさま》は「卵巣《らんそう》」だけを先《さき》に作っておいて、その卵巣の中《なか》から人間が生《うま》れたのではありますまい。即《すなわ》ち「人間」なる理念《りねん》（聖霊《せいれい》と言ってもよい）が先《ま》ず生《うま》れて、その理念の形《かたち》に人間が顕《あら》われたと考えるほかはない。（「神その像《かたち》（理念）の如《ごと》くに人《ひと》を創造《つく》りたまえり」――「創世記《そうせいき》」）即《すなわ》ち人間の出生《しゅっしょう》は肉体《にくたい》の出生《しゅっしょう》ではなくして神聖理念《しんせいりねん》の降臨《こうりん》である。神聖理念の降臨そのものが人間であり、「肉体」と見えるのはその「神聖理念」（生命《せいめい》）の取りまく「雰囲気《ふんいき》」である。その雰囲気が心の波《なみ》によって乱《みだ》れると、肉体に病気《びょうき》があらわれる。病気をなおすためには、心の波を平静《へいせい》にして「神聖理念」を取りまく雰囲気を清《きよ》める必要《ひつよう》がある。その心の波を平静にするにはどうしたら好《よ》いだろうか。乱れたものを見詰《みつ》めていたのでは心の波は益々《ますます》乱れるばかりです。そこで病気をみつめていたのでは病気は消えるはずはない。病気をいくら研究《けんきゅう》しても健康《けんこう》は出て来ない。健康を

理念　こうあるべきだという根本の考え

「創世記」『旧約聖書』の冒頭に収められている天地創造の物語。本全集第十九巻「万教帰一篇」上巻第一章参照

降臨　あまくだること

喚《よ》び出《だ》すためには生命《せいめい》の健康《けんこう》さを見詰《みつ》めなければならない。観《み》る通《とお》りにあらわれる世界《せかい》なのであります。（三界唯心《さんがいゆいしん》）人間《にんげん》をば朽《く》ち果《は》つべき肉体的存在《にくたいてきそんざい》であるとは思うな。肉体《にくたい》の人間を見詰めるな。（病人《びょうにん》の常《つね》として、肉体のことばかりを心に思い詰めている。胃病《いびょう》の人《ひと》は胃《い》のことばかりを思い詰めている。従《したが》って「胃」と顕《あら》われている生命《せいめい》の雰囲気《ふんいき》は乱《みだ》れるばかり、従って胃病は治《なお》らぬのである。）肉体を否定《ひてい》せよ。聖霊《せいれい》なる、既《すで》に完全《かんぜん》なる、神の子なる、円満《えんまん》なる理念人間《りねんにんげん》――真実人間《しんじつにんげん》――久遠人間《くおんにんげん》のみを見詰めよ。これが即《すなわ》ち神想観《しんそうかん》であり、深般若波羅蜜多《じんはんにゃはらみた》の修行《しゅぎょう》であります。

仏教《ぶっきょう》では六波羅蜜《ろくはらみつ》と言って六種《しゅ》の到彼岸法《とうひがんほう》、即《すなわ》ち彼岸《ひがん》をここに、把握《はあく》する方法《ほうほう》を説《と》いているのでありますが、その中《なか》で五蘊皆空《ごうんかいくう》を照見《しょうけん》する般若波《はんにゃは》羅蜜《らみつ》を第《だい》一最勝《さいしょう》としているのであります。肉体は無《な》い、物質は無《な》い、五蘊《ごうん》は無《な》い、あるがままそのままに空《くう》である。かくてこの身《み》このままに金剛不壊《こんごうふえ》の真身《しんじん》を観《かん》ずるのであります。神想観《しんそうかん》の実修法《じっしゅうほう》は『生命《せいめい》の實相《じっそう》』第《だい》四巻《かん》の

三界唯心　一切衆生が輪廻する欲界・色界・無色界の全ての事象は心の現れであるということ

六波羅蜜　悟りの境地に至るための菩薩の六種類の修行。布施・持戒・忍辱・精進・禅定・般若（智慧）

第四巻　本全集では第十四・十五巻「観行篇」

「観行篇《かんぎょうへん》」に詳《くわ》しく説《と》いてありますからその方《ほう》に譲《ゆず》ることに致《いた》します。

第五章　『華厳経《けごんぎょう》』序講《じょこう》

一、奈良《なら》の大仏《だいぶつ》

ここにお見せ致《いた》しますのは、これは奈良の東大寺《とうだいじ》の大仏様《だいぶつさま》であります。こちらにあるのが、唐招提寺《とうしょうだいじ》にある大仏様であります。ちょっと印刷《いんさつ》が不鮮《ふせん》

頭注版㊴一三九頁
『華厳経』『大方広仏華厳経』の略称。大乗仏教で最も重要な経典の一つ

頭注版㊴一三九頁
東大寺　奈良市にある華厳宗の大本山。聖武天皇の勅願によって建立。天平勝宝四年に盧舎那仏開眼供養が営まれて総国分寺となった
唐招提寺　奈良市にある律宗の総本山。天平宝字三年に唐僧の鑑真が創建した

明《めい》でありますけれども、近眼《きんがん》の人《ひと》は尠《すくな》いでありましょうから、遠くからでも見えると思います。

先日《せんじつ》、関西《かんさい》へ講演《こうえん》にまいりましたところが、奈良《なら》の東大寺《とうだいじ》の坊《ぼう》さんが誌友《しゆう》でありまして、案内《あんない》をして下《くだ》さいまして、普通《ふつう》では上《あが》れない大仏《だいぶつ》さんの極側《ごくそば》の、蓮華台《れんげだい》のところまで上《あが》らして頂《いただ》いてお話を承《うけたまわ》ったのでありました。

その大仏さんの沿革《えんかく》、大仏という縁起《えんぎ》を、その時《とき》にその狭川《さがわ》さんといわれる坊さんが、私達一行《わたしたちいっこう》に対《たい》して話をして下《くだ》さったのでありました。

その方《かた》の被仰《おっしゃ》るには「大仏」というのは、大きいから大仏というわけじゃない、「大方広仏《だいほうこうぶつ》」というのを略《りゃく》して大仏というのだと被仰《おっしゃ》った。「この東大寺は華厳宗《けごんしゅう》の本山《ほんざん》であって、この大仏即《すなわ》ち毘盧遮那仏《びるしゃなぶつ》というのを本尊《ほんぞん》としているのである。この毘盧遮那仏《びるしゃなぶつ》というのは、こういう大きい姿《すがた》に鋳造《ちゅうぞう》してあるから大仏というのではないので、毘盧遮那仏《びるしゃなぶつ》であるなら小さくとも大仏である」と言われました。

蓮華台　仏像や墓石を安置する台座。蓮華座

沿革　移りかわり。変遷

縁起　社寺や仏像、宝物などの由来や霊験などの言い伝え

華厳宗　『華厳経』を拠りどころとする仏教の教派。南都六宗の一つ。唐代に興り、良弁が東大寺で宣教して興隆した

毘盧遮那仏　華厳宗などの本尊。「毘盧遮那」は「光明遍照」の意。密教では大日如来とされる

鋳造　金属を溶かして鋳型(いがた)に流し込んで物をつくること

そうすると、一週間《しゅうかん》ほど前《まえ》に、私の娘《むすめ》は小学校《しょうがっこう》の六年生《ねんせい》ですが、奈良《なら》の方《ほう》へ修学旅行《しゅうがくりょこう》をして来まして、小さな大仏像《だいぶつぞう》をお土産《みやげ》に買って来たのであります。「お父《とう》さん、お土産《みやげ》に大仏《だいぶつ》を買って来てあげました」と言われるのです。「大変小《たいへん》さな大仏だねえ」と冗談《じょうだん》を申《もう》しますと、「小さくても大仏ですわ」と言うのです。その言葉に大変教《おし》えられました。この大方広仏《だいほうこうぶつ》というのは一体何《いったいなん》であるかといいますと、これは、お釈迦様《しゃかさま》が六年間《ねんかん》苦行林《くぎょうりん》に籠《こも》っておられまして、色々《いろいろ》と苦行《くぎょう》をされましたけれども、苦行によっては悟《さと》りを開《ひら》くことが出来《でき》ない、ちょうど、その苦行的宗教生活《くぎょうてきしゅうきょうせいかつ》はキリスト教《きょう》でいえば、ヨハネの水の洗礼《せんれい》のごときもので、これでは到底吾々《とうていわれわれ》は悟りを開くことが出来ないということを知られまして、本当《ほんとう》の悟りは「生命《せいめい》の実相《じっそう》」にあると気が着《つ》いて、苦行林《くぎょうりん》を出《い》で尼連禅河《ナイランジャナーがわ》に沐浴《もくよく》して、その傍《そば》にいた女から牛乳《ぎゅうにゅう》を貰《もら》って、「ああおいしい！」と喫《た》べられて、ゆったり菩提樹下《ぼだいじゅげ》に坐《ざ》し、この「おいしい、楽しい、生々《いきいき》しい」生命《せいめい》の相《すがた》が、そのまま悟りであ

ヨハネの水の洗礼　『新約聖書』に登場する預言者「洗礼のヨハネ」がヨルダン河畔でイエスに洗礼を授けたこと。本全集第四十九・五十巻「宗教戯曲篇」上・中巻「耶蘇伝」参照

沐浴　水を浴びて身体を浄めること

る、これが生命《せいめい》であるということを知られて、その時《とき》の悟《さと》りの相《すがた》を、悟ってから二七日目《にななぬかめ》にお話しになったのであります。誰《たれ》に喋《しゃべ》るともなしに、自分《じぶん》の悟りの境地《きょうち》を言葉に出して宣説《せんぜい》せられたのがこの『大方広仏華厳経《だいほうこうぶつけごんぎょう》』といわれるお経《きょう》なのであります。

二七日目　十四日目
宣説　教えを説いて伝えること

二、『華厳経《けごんぎょう》』とは

頭注版㊴一四一頁

この『華厳経《けごんぎょう》』の「華厳《けごん》」というのはどういう意味《いみ》であるかといいますと、蓮華荘厳《れんげしょうごん》の意味であります。無限《むげん》に美しく、蓮《はちす》の華《はな》の相《すがた》に飾《かざ》られた世《せ》界《かい》であるという意味であります。仏教家《ぶっきょうか》は往々《おうおう》、実相《じっそう》を「空《くう》」と説《と》かれますが、実相の世界は空《くう》ではないのであって、無限に美しい世界である、蓮華《れんげ》荘厳《しょうごん》の世界であると生長《せいちょう》の家《いえ》では説くのであります。それをお説きになったのがこの『華厳経《けごんぎょう》』であります。

お釈迦様《しゃかさま》は生きておられた間《あいだ》に色々《いろいろ》のお経《きょう》をお説《と》きになりました。先《ま》ず最初悟《さいしょさと》りを開《ひら》いて成道二七日目《じょうどうにななぬかめ》にこの『華厳経《けごんぎょう》』をお説きになったけれども、本当《ほんとう》にわかるような弟子達《でしたち》が尠《すくな》いので、その次には『阿含経《あごんぎょう》』のようなものをお説きになったのであります。それからだんだん弟子達の修養《しゅうよう》が出来《でき》て来たので『般若経《はんにゃきょう》』のようなものをお説きになった。それから次には方等部《ほうとうぶ》に属《ぞく》する『梵網経《ぼんもうきょう》』『解深密経《げじんみっきょう》』のような、やや大乗的《だいじょうてき》なお経《きょう》をお説きになり、それから最後《さいご》に涅槃前《ねはんまえ》に到《いた》って、『法華経《ほけきょう》』をお説きになり、相前後《あいぜんご》して『大無量寿経《だいむりょうじゅきょう》』をお説きになり、更《さら》に『涅槃経《ねはんぎょう》』をお説きになったわけであります。『大無量寿経《だいむりょうじゅきょう》』はほとんど『法華経《ほけきょう》』と同時《どうじ》に説いておられるらしいのでありますが、年代《ねんだい》がわからないのであります。しかし、内容《ないよう》から見るとどうもそうらしいというふうな説《せつ》になっております。ところが、お釈迦様《しゃかさま》が成道第二七日目《じょうどうだいにななぬかめ》にお説きになった『華厳経《けごんぎょう》』の中《なか》にはちゃんと『法華経《ほけきょう》』の真理《しんり》も『大無量寿経《だいむりょうじゅきょう》』の真理も説いてあるのであ

方等部　釈迦が小乗経の説法を終えて大乗経を説き始めた時期(方等時)に説かれた経典

『梵網経』『梵網経盧舎那仏説菩薩心地戒品第十』の略。大乗の菩薩の戒律を説く。最澄はこの経典に拠って比叡山に大乗戒壇を建てた

『解深密経』中期の大乗経典。五巻。玄奘訳。法相宗・インド瑜伽行派の根本聖典

『法華経』『妙法蓮華経』の略。大乗経典中最も高遠な教えが説かれているとされる

『大無量寿経』浄土三部経の一つ。浄土教の根本聖典。『無量寿経』または『大経』とも言う

『涅槃経』『大般涅槃経』の略。釈尊の亡くなる直前の説法を記した経典

ります。『華厳経《けごんぎょう》』の中《なか》には全《すべ》てのお経《きょう》がその中《なか》に説《と》かれているのでありま
す。説かれてあるけれども、それが弟子達《でしたち》には、この大乗《だいじょう》の経典《きょうてん》がわから
なかったので、まだ時節《じせつ》が来ていないというので、もう一遍《いっぺん》やさしいところ
から説こうと、『阿含経《あごんぎょう》』などをお説きになったわけであります。

三、大乗経典《だいじょうきょうてん》とは

それではこの大乗の経典、大乗の経典というのは何《なに》を説いたかと申《もう》しますと、「人間《にんげん》は仏《ほとけ》である」ということを説いた経典であります。人間が本来《ほんらい》仏《ほとけ》であり、その仏《ほとけ》の実相《じっそう》を現《あらわ》すことが出来《でき》るものであるということを説いたのが総《すべ》て大乗の経典でありまして、小乗《しょうじょう》の経典というのは、中途《ちゅうと》の悟《さと》りで、阿羅漢《あらかん》になるという位《ぐらい》の中途の真理《しんり》を説いたのが小乗の教《おし》えなのであります。阿羅漢《あらかん》というのは因縁《いんねん》の理《り》は悟れたが、因縁《いんねん》を超越《ちょうえつ》した仏《ほとけ》の境涯《きょうがい》に

頭注版㊴一四二頁

阿羅漢　小乗仏教ですべての迷いを絶ち切り、悟りに達した最高位の修行者

因縁の理　物事が直接的原因である「因」と間接的条件である「縁」との結合で生ずるという法則

境涯　心境。境地

はまだ入《い》り得《え》ていない程度《ていど》のところを申《もう》します。そんなわけで、お釈迦様《しゃかさま》は、大乗《だいじょう》の教《おし》えを最初《さいしょ》に説《と》いて、「人間本来仏《にんげんそのままほとけ》である」と説かれましても判《わか》らなかったものですから、そこまで導《みちび》くために小乗《しょうじょう》の教えを色々《いろいろ》とお説きになったのであります。

ところでこの『華厳経《けごんぎょう》』というのはどこにあったか出所《しゅっしょ》がわからなかったもので、龍樹菩薩《りゅうじゅぼさつ》の伝えたものだとせられています。龍樹菩薩《りゅうじゅぼさつ》の伝記《でんき》によりますと、当時《とうじ》龍樹《りゅうじゅ》がいくら大乗経典《だいじょうきょうてん》を探《さが》しても、閻浮提《えんぶだい》——即《すなわ》ち地《ち》上《じょう》では見附《みつ》からなかったので、これを龍宮《りゅうぐう》へ行《い》って覓《もと》めて来た、とこういう具合《ぐあい》に書いてあります。

ですから、『華厳経《けごんぎょう》』は龍宮《りゅうぐう》にあったということになっています。そうして現在《げんざい》地上に、吾々《われわれ》の肉眼《にくがん》に見える世界《せかい》に持来《もちきた》されているところの『華厳《けごん》経《ぎょう》』は、その龍宮《りゅうぐう》に保存《ほぞん》されてある『華厳経《けごんぎょう》』の極々僅《ごくごくわず》かな小部分《しょうぶぶん》である。『華厳経《けごんぎょう》』といいますのは上本《じょうほん》、中本《ちゅうほん》、下本《げほん》に分《わか》れていて、その下本《げほん》

龍樹菩薩　生没年不詳。二世紀中頃から三世紀中頃のインドの学僧。大乗仏教の基礎を確立した。著書に『大智度論』『十住毘婆沙論』等がある

閻浮提　人間世界。現世。須弥山（しゅみせん）の南方海上にあるという大陸の名

覓める　さがしもとめる

の『華厳経《けごんぎょう》』だけを龍宮《りゅうぐう》から持って来て、それを訳《やく》したのが現在《げんざい》伝わっている『華厳経《けごんぎょう》』である。この吾々《われわれ》に伝えられているだけの『華厳経《けごんぎょう》』でも誠《まこと》に大部《たいぶ》のものであります。

それで、その龍宮《りゅうぐう》に遺《のこ》してある『華厳経《けごんぎょう》』というものはどんな立派《りっぱ》なことが書いてあるかということは、まだ隠《かく》してしまってある。まだ時節《じせつ》が到来《とうらい》しないからそれを発表《はっぴょう》してはならないということになっているのでありま す。

ところでこの『華厳経《けごんぎょう》』を龍宮海《りゅうぐうかい》から持って来た龍樹《りゅうじゅ》という人《ひと》はいつ頃《ごろ》の人か判然《はっきり》しませんが、何《なん》でも仏滅後《ぶつめつご》六、七百年《ねん》に生《うま》れて百歳《さい》の長寿《ちょうじゅ》を得《え》たとか伝えられているのでありますが、ともかく釈迦《しゃか》が亡くなられてから随《ずい》分後《ぶんのち》の人であります。その人が初《はじ》めて龍宮《りゅうぐう》から持って来たのが大乗経典《だいじょうきょうてん》であるということになっているために、大乗《だいじょう》は釈迦《しゃか》これを説《と》かず、釈迦《しゃか》は良《よ》い加減《かげん》な道徳教《どうとくきょう》を説いたのであって「人間仏《にんげんほとけ》になれる」などというお経《きょう》

大部　一つの書物の冊数や巻数の多いこと。また、紙数やページ数の多いこと

道徳教　人が良心によってふみ行うべき道を説く教え

は後《あと》から、そういう龍樹《りゅうじゅ》やら誰《たれ》やら偉《えら》い学者《がくしゃ》が出て来て哲学的《てつがくてき》に思弁的《しべんてき》に説《と》いたのであるという説《せつ》もある位《くらい》であります。又《また》、それに対《たい》する反駁《はんばく》もあるわけでありまして、色々《いろいろ》に言われているのであります。

現代《げんだい》でも仏教家《ぶっきょうか》のうちには、大乗《だいじょう》は釈迦《しゃか》がこれを説いたのでないというので、『阿含経《あごんぎょう》』や、『法句経《ほっくきょう》』や、その種類《しゅるい》の単《たん》なる道徳教《どうとくきょう》のみが釈迦《しゃか》の教《おし》えであるとして、大乗の教え、即《すなわ》ち「人間《にんげん》が仏《ほとけ》になる」とか、「人間本来《ほんらい》仏《ほとけ》である」というふうなことは到底解《とうていわか》るものじゃないと、又《また》、「人間に霊魂《れいこん》なんて存在《そんざい》しないのだ」というふうなことを説いておられる仏教家さえあります。いつでしたか、或《あ》る仏教家の「生長《せいちょう》の家《いえ》」を批判《ひはん》した文章《ぶんしょう》の中《なか》に「霊魂《れいこん》とかいうものが存在して、そうして極楽《ごくらく》に往《ゆ》くなんていうようなことを現代《げんだい》に信じている人間なんかあるものか」というふうな事《こと》を書いておられました。それが仏教家がそう言われるのでありますから、驚《おどろ》くのであります。『仏説無量寿経《ぶっせつむりょうじゅきょう》』の中《なか》には、釈迦《しゃか》が「兜率天宮《とそつてんぐう》を捨《す》てて神《じん》を母胎《もたい》に降《くだ》

思弁的　経験の助けによらず、純理論的なさま

反駁　他人の意見に反論すること

『仏説無量寿経』　本書五九頁の『大無量寿経』に同じ

兜率天宮　兜率天の宮殿。兜率天は天上界(六欲天)の第四天。外院には天人が住み、内院には将来仏になるべき菩薩が住む。釈迦もここで修行していた。現在は弥勒菩薩が住むとされる

し、右脇《うきょう》より生《しょう》ぜり」と明《あきら》かに書いてあります。この「神《じん》」というのが「たましい」のことであります。一部《いちぶ》の仏教家《ぶっきょうか》が霊魂《れいこん》を否定《ひてい》するのも驚《おどろ》くのでありますが、そんな立場《たちば》が小乗《しょうじょう》の立場であります。それは人間《にんげん》の実相《じっそう》というものが解《わか》らないからであって、現象《げんしょう》の生命《せいめい》、それもただ地上《ちじょう》の生命《せいめい》のことが解《わか》るだけで死後《しご》の世界《せかい》に於《おい》て生命《せいめい》がどうなるかも解《わか》っていないのであります。

さて、この、実相の久遠《くおん》生《い》き通《とお》しの生命《せいめい》を説《と》くのが大乗《だいじょう》の教《おし》えであって、現象の生命《せいめい》を説くのがこれが小乗《しょうじょう》の教えである、と、ここには、まあ簡単《かんたん》に分《わ》けておくことに致《いた》します。

四、仏教《ぶっきょう》の本地《ほんじ》

それでこの大乗《だいじょう》経典《きょうてん》は誰《たれ》がどこで説かれたかといいますと、生長《せいちょう》の家《いえ》

頭注版㊴一四五頁

本地　ものの本源

から観《み》ますとこれは『古事記《こじき》』の講義《こうぎ》のところで申《もう》したことがありますが、日子穂々手見命《ひこほほでみのみこと》が龍宮《りゅうぐう》へやって行《ゆ》かれまして、龍宮《りゅうぐう》に於《おい》て、豊玉毘売命《とよたまひめのみこと》と御結婚《ごけっこん》せられ、そうしてそこに御滞在《ごたいざい》せられる中《うち》に豊玉毘売命《とよたまひめのみこと》が妊娠《にんしん》せられて、そうして地上《ちじょう》へ出て来て鸕鷀草葺不合命《うがやふきあえずのみこと》をお生みになったという事《こと》があります。あそこの、日子穂々手見命《ひこほほでみのみこと》が龍宮海《りゅうぐうかい》へ行《ゆ》くのに目無堅間《めなしかつま》の船にお乗りになったということが、日子穂々手見命《ひこほほでみのみこと》が龍宮海《りゅうぐうかい》に於《おい》て『華厳経《けごんぎょう》』をお説《と》きになったことになるのであります。目無堅間《めなしかつま》の船とは水も漏《も》らさぬ金剛不壊《こんごうふえ》の船で、大乗実相《だいじょうじっそう》の真理《しんり》であります。こうして、大乗仏教《だいじょうぶっきょう》は龍《りゅう》宮《ぐう》の大神《おおかみ》、住吉大神《すみよしのおおかみ》の護持《ごじ》せられたものであって、日本《にっぽん》に於《おい》て久遠《くおん》から成《じょう》就《じゅ》しているのであります。その住吉大神《すみよしのおおかみ》が現代《げんだい》にあらわれての人類光明化《じんるいこうみょうか》運動《うんどう》が生長《せいちょう》の家《いえ》であります。

『古事記』　和銅五年成立。現存する我が国最古の歴史書。天武天皇が稗田阿礼に暗誦させていた帝紀・旧辞を、元明天皇が太安万侶に撰録させたもの。神話から第三十三代推古天皇の御代までの歴史が記されている

日子穂々手見命　天津日高日子穂穂手見命。天孫降臨された天津日高日子番能邇邇芸命の御子。神武天皇の祖父。火遠理命（ほおりのみこと）、山幸の御名もある

豊玉毘売命　綿津見神の娘。日子穂々手見命の妃

鸕鷀草葺不合命　記紀神話で日子穂々出見命と豊玉毘売命との間の御子。母が産屋を鵜の羽で葺き終わらないうちに生まれられたことによる御名。初代天皇である神武天皇の父

五、一時《いちじ》一切時《いっさいじ》、一所《いっしょ》一切所《いっさいしょ》

『華厳経《けごんぎょう》』がどうして先《ま》ず龍宮海《りゅうぐうかい》で説《と》かれたのであるかということは、時《じ》間《かん》・空間《くうかん》を超越《ちょうえつ》したところの「一時一切時《いちじいっさいじ》」「一所一切所《いっしょいっさいしょ》」「一仏一切仏《いちぶついっさいぶつ》」ということが解《わか》らなければどうしてもこれは解《わか》らないのであります。「一所《いっしょ》一切所《いっさいしょ》」といいますと、吾々《われわれ》のこの肉眼《にくがん》で見る物質世界《ぶっしつせかい》に於《お》ては「一所《いっしょ》」は「一所」であって、「此処《ここ》」といえばもう「彼処《かしこ》」ではない、「龍宮《りゅうぐう》」といえば、「インド」ではない、ということになるのであります。ところが実《じつ》相《そう》の世界《せかい》に於《お》ては決《けっ》してそんなものではないのであって、『華厳経《けごんぎょう》』の中《なか》にも、『華厳経《けごんぎょう》』は釈迦《しゃか》が悟《さと》りを開《ひら》いて二七日目《になぬかめ》に一遍《いっぺん》にお説きになったということが書いてありますのに、その二七日《になぬか》の一日中《にちじゅう》に、八ヵ所《しょ》で八度《たび》の説《せっ》教《きょう》をしておられるのであります。それは、地上《ちじょう》だけの八ヵ所ではないのであ

住吉大神　伊邪那岐命の禊ぎで生まれた底筒男命・中筒男命・表筒男命の三神。著者は神武天皇の御東征や三韓征伐、大東亜戦争の終結時等、国家の危急の時に顕れた神威による救国のため、長崎に龍宮住吉本宮と鎮護国家出龍宮顕斎殿を造営して昭和五十三年に鎮座祭を行った

護持　尊んで大切に守り保つこと

人類光明化運動　著者が生長の家立教の使命とするもの。「人間・神の子」本来の姿が全人類に現れ、地上を光明化する宗教運動

頭注版㊴一四六頁

りまして、八《や》とは「弥《や》」即《すなわ》ち弥々《いよいよ》、数多《かずおお》くの場所《ばしょ》の意味《いみ》であります。『華厳経《けごんぎょう》』には次の八ヵ所《しょ》で説教《せっきょう》になったと書いてあります。

先《ま》ず悟《さと》りを開《ひら》いた菩提樹《ぼだいじゅ》の下で喋《しゃべ》っていられる。それから又《また》普光法堂《ふこうほうどう》で説教していられる。それから忉利天《とうりてん》のいる天上《てんじょう》の世界《せかい》で説教していられる。それから夜摩天王《やまてんのう》のおられる天上の世界で説教していられる。それから兜率《とそつ》天《てん》のおられる天上の世界で又《また》説教していられる。更《さら》に他化自在天《たけじざいてん》のおる天上の世界で説教していられる。七回目《かいめ》は、再《ふたた》び普光法堂《ふこうほうどう》で説教していられる。それからまた祇園精舎《ぎおんしょうじゃ》の逝多林《せいたりん》で説教していられます。しかもこの逝多林《せいたりん》の祇園精舎《ぎおんしょうじゃ》は成道《じょうどう》六年目《ねんめ》に出来《でき》たのにもかかわらず、成道二七日目《じょうどうにななぬかめ》に祇園精舎《ぎおんしょうじゃ》で説教していられるのですから、一時説法一切時説法《いちじせっぽういっさいじせっぽう》ということが考えられるのであります。

こういう具合《ぐあい》に『華厳経《けごんぎょう》』というのは一日《にち》の中《うち》にどれだけ喋《しゃべ》られたかわからない程《ほど》たくさん喋《しゃべ》られて、場所も変《かわ》っているのであります。それも同じ

普光法堂　菩提樹の下での説法（寂滅道場会）に続く二番目の説法「普光法堂会」の開かれた場。『華厳経』に於いてまず地上でこの二つの説法が行われたとされる

忉利天　須弥山の頂にあるという天上界（六欲天）の第二天。また、そこに住む帝釈天を統領とする三十三の神々。三十三天

夜摩天王　『華厳経』に説かれる夜摩天に住む天人。夜摩天は天界（六欲天）の第三天で常に光明に包まれた昼夜の別がない天

他化自在天　六欲天の一つである他化自在天に住む天魔波旬とその眷属。他化自在天は欲界の最上天で第六天とも言い、他の楽事をかりて自分の楽しみとする天

祇園精舎　釈迦が教えを説いた僧園

日に喋《しゃべ》られたということになっています。

「一時一切時《いちじいっさいじ》」「一所一切所《いっしょいっさいしょ》」ということがわからない人《ひと》の見地《けんち》から観《み》ますと、この『華厳経《けごんぎょう》』というものほど荒唐無稽《こうとうむけい》なものはない。そんな馬鹿《ばか》なことはあるはずがないのです。一人《ひとり》の人間《にんげん》がお伽噺《とぎばなし》みたいに、一時《いちじ》にあちらでもこちらでも喋《しゃべ》られたのであります。それがどうして可能《かのう》であるかと申《もう》しますと、根本《こんぽん》の一《ひと》つの毘盧遮那《びるしゃな》が説法《せっぽう》をなさると毘盧遮那《びるしゃな》の説法の響《ひびき》が他《ほか》の十方《じっぽう》の世界の仏《ほとけ》の国土《こくど》に於《おい》て感応《かんのう》して、十方《じっぽう》の世界に於《おい》て一時《いちじ》に無数《むすう》の仏《ほとけ》が同じ説法を成《な》さるのであります。そうすると、各々《おのおの》の仏土《ぶつど》に於《おい》ても無数の菩薩《ぼさつ》が集《あつま》って来て、それぞれの仏《ほとけ》の国土に於《お》ける仏様《ほとけさま》の説法をお聴《き》きになっているということになるのであります。

それで東大寺《とうだいじ》の大仏像《だいぶつぞう》ですが、この写真《しゃしん》の光輪《こうりん》の中《なか》にたくさん小さな仏様《ほとけさま》が附《つ》いている。一時《いちじ》に中心仏《ちゅうしんぶつ》が説法をなされたならば、たくさんな十方《じっぽう》の国土の仏様《ほとけさま》が悉《ことごと》くそれぞれ十方《じっぽう》の国土の仏土《ぶつど》に於《おい》て同じように、同じこと

逝多林　祇園精舎のある園林。逝多（祇陀太子）の所有であったことによる
見地　見方
荒唐無稽　言動に根拠がないさま。でたらめなこと

十方　あらゆる方角
感応　心が感じとりそれに反応すること
仏土　仏の住む国土

光輪　仏身が光明に輝くさまをかたどった光背

を説法《せっぽう》をして又《また》無数《むすう》の諸菩薩《しょぼさつ》が聴《き》いておられるのです。それで日子穂々手《ひこほほで》見命様《みのみことさま》が龍宮《りゅうぐう》で『華厳経《けごんぎょう》』を説教《せっきょう》になったら、その反映《はんえい》としてお釈迦様《しゃかさま》はお釈迦様《しゃかさま》でインドで説法している、イエスは同時《どうじ》にユダヤで説法しているというふうに反映《はんえい》してこの現象世界《げんしょうせかい》に現《あらわ》れるのです。ですから神示《しんじ》には、「十字架《じゅうじか》の中心《ちゅうしん》は日《ひ》の本《もと》にあり、キリストの本地《ほんじ》も日本《にっぽん》にある」とあるのであります。大法輪《だいほうりん》は『華厳経《けごんぎょう》』であり、『華厳経《けごんぎょう》』は先《ま》ず第《だい》一に龍宮海《りゅうぐうかい》に於《お》いて説《と》かれて、その上本《じょうほん》及《およ》び中本《ちゅうほん》は浦島太郎《うらしまたろう》の玉手筥《たまてばこ》の中《なか》に秘《ひ》められているのであります。その秘められている実相《じっそう》が顕《あらわ》れれば、玉手筥《たまてばこ》がひらかれて、久遠不滅《くおんふめつ》の日本国土《にっぽんこくど》の永遠性《えいえんせい》がハッキリしてくるのであります。

六、仏《ほとけ》の使命《しめい》

仏《ほとけ》の作《な》すべきことは何《なん》であるかというと、説法ということであります。そ

神示　神から受けた啓示。ここでは昭和七年五月二十七日に著者に天降った「『大生長の家』に就いての神示（久遠天上理想国実現の神示）」を指す

大法輪　仏の偉大な教え

頭注版㊴一四八頁

う言うと訝《おか》しく聞《きこ》えますけれども、「総《すべ》てのもの言《ことば》によってつくらる、言葉は神なり」というキリスト教的立場《きょうてきたちば》からしましてもそうなのであります。仏教《ぶっきょう》でも釈迦《しゃか》は『大無量寿経《だいむりょうじゅきょう》』の説法《せっぽう》を終《おわ》ると、「如来《にょらい》の応《まさ》に作《な》すべき所《ところ》の者《もの》は皆已《みなすで》に之《これ》を作《な》せり」といわれました。成仏《じょうぶつ》するという場合《ばあい》の、「成《な》る」という字は「化《な》る」ではありません。「仏《ほとけ》に化《な》る」のでしたら仏《ほとけ》でないものが仏《ほとけ》に化《な》るということになるのでありますけれども、成仏《じょうぶつ》するということは仏《ほとけ》が鳴《な》り出《だ》すことなのです。始《はじ》めから吾々《われわれ》は仏《ほとけ》なのですけれども黙《だま》っている。黙っているのは成仏《じょうぶつ》ではないのであります。成仏《じょうぶつ》とは仏《ほとけ》が鳴り出すことなのでありまして、天之御中主神《あめのみなかぬしのかみ》が鳴り出して来たらこの蓮華蔵世界《れんげぞうせかい》が現《あらわ》れたのであります。吾々《われわれ》は始《はじ》めから仏《ほとけ》である。しかし黙っているとまだ成仏《じょうぶつ》していない、仏《ほとけ》が鳴り出していないのであります。大通智勝仏《だいつうちしょうぶつ》は道場《どうじょう》に結跏趺坐《けっかふざ》して十劫《こう》を経《へ》ても成仏《じょうぶつ》しなかったと『法華経《ほけきょう》』にありますが、大通智勝仏《だいつうちしょうぶつ》は始めから仏《ほとけ》である、その始めから仏《ほとけ》であるものが成仏《じょうぶつ》しない

訝しい　いぶかしい

「総てのもの…」『新約聖書』「ヨハネ伝」第一章一〜三節を要約した言葉

応に…べし　まさしく…すべきである

天之御中主神『古事記』に記された天地のはじめに「なりませる神」。本全集第二十一巻「万教帰一篇」下巻第六章等参照

蓮華蔵世界　浄土宗で極楽の別称。蓮華の花に象徴される阿弥陀仏の浄土

大通智勝仏『法華経』「化城喩品」に説かれている仏。八千劫にわたって『法華経』を説いた。第十六王子が釈尊になったとされる

結跏趺坐　仏や修行僧の坐法の一つ。足の甲で左右それぞれ反対側のももをおさえるすわり方

十劫　「劫」はきわめて長い時間の単位

のは何故《なぜ》であるかと『無門関《むもんかん》』の公案《こうあん》にあります。「かれが成仏《じょうぶつ》せざるなり」と答えていますが、本来仏《ほんらいほとけ》であるものが成仏《じょうぶつ》しないというのは鳴り出さない、即《すなわ》ち、法輪《ほうりん》をまだ転《てん》じないということであります。吾々《われわれ》は始めから仏《ほとけ》でありますが、南無阿弥陀仏《なむあみだぶつ》というと初《はじ》めて成仏《じょうぶつ》するのです。これは、仏《ほとけ》が鳴り出したからであります。始めから仏《ほとけ》であったけれども鳴り出さなかったから成仏《じょうぶつ》しないのであります。

七、一仏一切仏《いちぶついっさいぶつ》

さて、この一人《ひとり》の仏《ほとけ》が鳴り出して法輪をお転じになりますと、無数《むすう》の世界《せかい》の仏《ほとけ》がお喋《しゃべ》りになるということが経文《きょうもん》には書いてあるのでありまして、『華厳経《けごんぎょう》』の「如来光明覚品第五《にょらいこうみょうがくほんだい》」にはこう書いてあります。

『無門関』　『禅宗無門関』の略。南宋の無門慧開著。公案四十八則に頌と評釈を加えたもの。本全集の著者にも『無門関解釋』の著書がある

公案　禅宗で悟りに導くために与える課題

法輪　仏の教えが進み広がることを車輪をまわすことにたとえた語

南無阿弥陀仏　阿弥陀仏に帰依する意を表す言葉。浄土宗、浄土真宗などで称える言葉

頭注版㊴一四九頁

「爾時世尊《そのときせそん》、両足《りょうそく》の相輪《そうりん》より百億《おく》の光明《こうみょう》を放《はな》ちたまいて遍《あまね》く三千大千世界の百億の閻浮提《えんぶだい》、百億の弗婆提《ふつばだい》、百億の拘伽尼《こうかに》、百億の鬱単越《うったんおつ》、百億の大海《だいかい》、百億の金剛囲山《こんごういせん》、百億の菩薩《ぼさつ》の生《しょう》、百億の菩薩《ぼさつ》の出家《しゅっけ》、百億の仏《ほとけ》の始成 正覚《しじょうしょうがく》、百億の如来《にょらい》の転法輪《てんぽうりん》、百億の如来《にょらい》の般泥洹《はつないおん》、百億の須弥山王《しゅみせんおう》、百億の四天王天《してんのうてん》、百億の三十三天《てん》、百億の時天《じてん》、百億の兜率陀天《とそつだてん》、百億の化楽天《けらくてん》、百億の他化楽天《たけらくてん》、百億の梵天《ぼんてん》、百億の光音《こうおん》天《てん》、百億の遍浄天《へんじょうてん》、百億の果実天《かじつてん》、百億の色究竟天《しきくぎょうてん》を照《てら》し、此《こ》の世界《せかい》の有《あら》ゆる一切《いっさい》のもの悉《ことごと》く現《げん》ず。此《ここ》に仏《ほとけ》、蓮華蔵《れんげぞう》の獅子座《ししざ》の上に坐《ざ》したまいて、十仏世界塵数《ぶっせかいじんじゅ》の菩薩《ぼさつ》の眷属《けんぞく》有《あ》りて、囲遶《いにょう》せるを見るが如《ごと》く百億の閻浮提《えんぶだい》も亦復是《またまたかく》の如《ごと》し。」

「百億の閻浮提《えんぶだい》も亦復是《またまたかく》の如《ごと》し」というのは、百億の地球《ちきゅう》みたいな世界《せかい》があって、そこにやはり仏《ほとけ》が出ておられて、そこにやはり同じ説法《せっぽう》をしておられ

三千大千世界　ありとあらゆる世界
弗菩提、拘伽尼、鬱単越　三千大千世界を構成する世界の一部を指すと思われる
始成正覚　悟ること
般泥洹　入滅(死)
時天　六欲天第三天の夜摩天を指すと思われる
兜率陀天　六欲天第四天の兜率天を指すと思われる
化楽天　六欲天第五天。楽しみを作る天
他化楽天　六七頁の他化自在天を指すと思われる
遍浄天　色界第三禅天の第三天
果実天　色界第四禅天の広果天の別名
色究竟天　色界第四禅天の最上位の世界
十仏世界『華厳経』に説く正覚仏・願仏・業報仏・住持仏・化仏・法界仏・心仏・三昧仏・性仏・如意仏の十の仏国
塵数　数の多いこと
眷属　親族や師弟

るということであります。東大寺《とうだいじ》の大仏《だいぶつ》の蓮華座《れんげざ》の一《ひと》つ一つの葩《はなびら》は一つ一つの仏土《ぶつど》を示しているのでありまして、実物《じつぶつ》に近寄《ちかよ》って見ますと横に線が引いてありまして、その横線《よこせん》はこの『華厳経《けごんぎょう》』の「如来光明覚品《にょらいこうみょうがくほん》」にあるように諸々《もろもろ》の天界人界等々《てんかいにんかいとうとう》の境《さかい》を示しているのでありまして、各々《おのおの》の天界人界《てんかいにんかい》等々《とうとう》にはそれぞれ一《ひと》つの仏《ほとけ》の像《ぞう》が描《えが》いてあります。そして中央《ちゅうおう》の大毘盧遮《だいびるしゃ》那仏《なぶつ》が法輪《ほうりん》を転《てん》ぜられると、これら十方《じっぽう》の諸仏《しょぶつ》が同時《どうじ》に法輪を転ぜられるのであります。

それから又《また》『華厳経《けごんぎょう》』の「仏昇須弥頂品第九《ぶつしょうしゅみちょうほんだい》」にも、

「爾時如来《そのときにょらい》、威神力《いじんりき》の故《ゆえ》に、十方一切《じっぽういっさい》の諸仏《しょぶつ》の世界《せかい》の、諸々《もろもろ》の四天下《してんげ》の一々《いちいち》の閻浮提《えんぶだい》に、皆如来《みなにょらい》有《あ》りて菩提樹《ぼだいじゅ》下《げ》に坐《ざ》したまい、顕現《けんげん》せざる無《な》し。彼《か》の諸々《もろもろ》の菩薩《ぼさつ》は、各々《おのおの》仏《ほとけ》の神力《じんりき》を承《う》け、種々《しゅじゅ》の法《ほう》を説《と》き、皆悉《みなことごと》く自《みずか》ら仏《ほとけ》の所《みもと》に在《あ》りと謂《おも》えり。

威神力　偉大で神々しい、最もすぐれた不思議な力
四天下　須弥山（しゅみせん）を囲む海の四方にあるという四つの大陸。四大洲とも言う

爾時世尊《そのときせそん》は、威神力《いじんりき》の故《ゆえ》に、此座《このざ》を起《た》ちたまわずして、須弥《しゅみ》の頂《いただき》に昇《のぼ》り、帝釈殿《たいしゃくでん》に向《むか》いたまえり。」

とあります。世尊《せそん》は菩提樹《ぼだいじゅ》の下《もと》に坐《すわ》っておられまして、そうしてその座《ざ》を起《た》ち給《たま》わずして須弥《しゅみ》の頂《いただき》まで昇《のぼ》って帝釈殿《たいしゃくでん》に向《むか》い給《たま》われたというのです。ここに坐《すわ》っていて、同時《どうじ》に七階《かい》のルーフで遊んでいるというようなものです。ちょっと考えると、出鱈目《でたらめ》な物語《ものがたり》みたいですけれども、そうではないのであります。中央《ちゅうおう》の根本仏《こんぽんぶつ》が演説《えんぜつ》し給《たま》うたならば、十方《じっぽう》の世界《せかい》にやはり仏《ほとけ》が顕現《けんげん》して、演説せられるのだということがわかりますと、日子穂々手見命《ひこほほでみのみこと》が龍宮《りゅうぐう》で説法されたところの『華厳経《けごんぎょう》』をお釈迦様《しゃかさま》が同時にインドでお説きになったとして顕《あらわ》れて来ても不思議《ふしぎ》ではない。と同時に、イエスとしてユダヤに顕《あらわ》れ給《たま》うて『華厳経《けごんぎょう》』と同じ真理《しんり》をガリラヤの野《の》でお説きになっても不思議ではないのであります。そしてその真理を龍樹菩薩《りゅうじゅぼさつ》が龍宮《りゅうぐう》から

帝釈殿 帝釈天の住む天上界の喜見城。本書六七頁の忉利天にある

ルーフ roof 屋根。屋上

ガリラヤ Galliaia 古代パレスチナ北部で現在のイスラエル北部の地方。イエスと十二使徒のうちのユダ以外の使徒の出身地であり、イエスの伝道活動の中心地

『華厳経《けごんぎょう》』を引上《ひきあ》げて来て翻訳《ほんやく》したとしてもそれは別《べつ》に不思議《ふしぎ》ではないのであります。

さてこの、実相世界《じっそうせかい》――高天原《たかあまはら》の相《すがた》たるや、先刻《せんこく》も申《もう》しましたように、無《む》限荘厳《げんしょうごん》の美しい世界《せかい》であって、空虚《くうきょ》ではないのであります。普通《ふつう》「実相《じっそう》」といえば「空《くう》」だ、「空《くう》が実相だ」とこう思っている人《ひと》が往々《おうおう》ありますけれども、実相は空虚ではないのであります。実相は華厳世界《けごんせかい》、蓮華荘厳《れんげしょうごん》の世界であります。それでは、その華厳世界《けごんせかい》はどういうふうな世界であるかというと、生長《せいちょう》の家《いえ》では無限次元《むげんじげん》の世界であるとこう申すのであります。とはいえども、龍宮界《りゅうぐうかい》の玉手筥《たまてばこ》はまだ完全《かんぜん》には開《ひら》くことが出来《でき》ないのであります。

（昭和《しょうわ》十六年《ねん》九月《がつ》十八日講義《こうぎ》）

高天原　『古事記』等の神話に描かれた神々の国。本全集第二十一巻「万教帰一篇」下巻第六章九八頁等参照

第六章　即身成仏《そくしんじょうぶつ》の真理《しんり》

頭注版㊴一五三頁

一

頭注版㊴一五三頁

人間成仏《にんげんじょうぶつ》の思想《しそう》は大乗仏教《だいじょうぶっきょう》の根本思想《こんぽんしそう》であります。人間がもし成仏しないものならば仏教《ぶっきょう》というものは成《なり》立《た》ちません。仏教というものは「仏《ほとけ》の教《おし》え」であるという意味《いみ》をもっていると同時《どうじ》に、それを聞いて人間《にんげん》が「仏《ほとけ》に成《な》る教え」或《あるい》は仏《ほとけ》の教えの通《とお》りに実践《じっせん》して人間が仏《ほとけ》に成る——その「仏《ほとけ》に成ることを教える教え」だという意味を持っているのであります。すなわち仏教《ぶっきょう》は畢竟《ひっきょう》ずるに、人間成仏教《にんげんじょうぶつきょう》でなければならないのであります。

仏教は人間が仏《ほとけ》に成る教えだと申《もう》しましたが、これは、人間が仏《ほとけ》に成れるという哲学的又《てつがくてきまた》は実体論的《じったいろんてき》、理論的考察《りろんてきこうさつ》だけでは完全《かんぜん》だというわけにはまいりませぬ。それだけでは飯《めし》の成分《せいぶん》を説《と》くだけで、飯《めし》がないようなものであります。人間が仏《ほとけ》になれるということは理論《りろん》だけではなくて、実際《じっさい》にそのなれる方法《ほうほう》を教え、実際にそのとおりやって、人間が仏《ほとけ》になれなければならないのであります。

宗教《しゅうきょう》で、人間が救《すく》われると申します。どういうことを救われるかと言いますと、病気《びょうき》が治《なお》る、家計《かけい》がゆたかになる、それを祈願《きがん》するためにお寺詣《てらまい》りをするという人《ひと》もあります。そしてもし御利益《ごりやく》があるとしますと、身体《からだ》の苦《く》

畢竟ずるに　要するに。つまり

実体論　哲学で、現象の根本にあるとされる本体を考察する学問。存在論。本体論

痛《つう》が救《すく》われ、家計《かけい》の困難《こんなん》がすくわれたのだから、成《な》る程《ほど》「救われた」のには相違《そうい》ありませんけれども、そういうことは医者《いしゃ》のやること、厚生省《こうせいしょう》のやること、社会事業家《しゃかいじぎょうか》、慈善事業家《じぜんじぎょうか》のやることであります。特《とく》に、宗教《しゅうきょう》が人《ひと》を救うということではありません。宗教が人を救うというのはもっと根本的《こんぽんてき》に人間《にんげん》を救うのであります。どういうふうに救うかというと、現代《げんだい》の流行語《りゅうこうご》をもって言えば人間を根本的に民主的《みんしゅてき》にするのであります。

民主《みんしゅ》と申《もう》しますと、人間みずからが、根本的に自由《じゆう》になって、他《た》の何物《なにもの》にも支配《しはい》せられない自主的存在《じしゅてきそんざい》となることであります。自分《じぶん》が自分の主人公《しゅじんこう》となることであります。自分が自分の主人公となるばかりではなく、自分がその「場《ば》」の、その「時《とき》」の主人公となることであります。すなわち、人間《にんげん》自身《じしん》の主権《しゅけん》を確立《かくりつ》することなのであります。主権というのは、換言《かんげん》すれば不可侵権《ふかしんけん》であります。他《た》の何物にも支配されない、「人」にも、「場」にも、「時」にも支配されない絶対《ぜったい》の自由であります。人間がこの絶対の自由が得《え》

厚生省　昭和十三年に社会福祉、社会保障および公衆衛生の向上・増進を任務として発足した国の行政機関。平成十三年に労働省と統合して厚生労働省に改組した

現代の流行語　この一文の末尾「民主的」を指すと思われる。本章の文章は昭和二十二年三月刊『世界光明思想全集』第六冊として刊行された。前年の十一月三日に民主主義を謳う日本国憲法が公布され、五月三日の施行を控えた時期であった

換言　言い換えること

不可侵権　侵すことのできない権利

られなかったら、金貨《きんか》を一億万円《おくまんえん》自分《じぶん》のものとして積《つ》んでもらっても、それは重いばかり、保管《ほかん》に手数《てすう》がかかるばかり、そして盗人《ぬすびと》の心配《しんぱい》が要《い》るばかりで、それは却《かえ》って、自分を縛《しば》る「制約《せいやく》」となり、他《た》から侵《おか》される危険《きけん》を常《つね》にはらんでいるのであります。そういうものは決《けっ》して人間《にんげん》の絶対自由《ぜったいじゆう》だというわけにはまいりません。ここに人間の絶対自由というものは、そういう金銭《きんせん》や財貨《ざいか》を外的《がいてき》に与えてもらうことではないことがおわかりになると思います。本当《ほんとう》の自由《じゆう》は、もっと内的《ないてき》なところから、「中《うち》」から「自分」自身《じしん》から出て来なければならない。他《た》から与えられた自由は、又他《またた》から奪《うば》われるので、常に他《た》から奪われる危険が存在《そんざい》し、絶対不可侵《ぜったいふかしん》の自由というわけには行《ゆ》かないのであります。

他《た》から決《けっ》して奪うことの出来《でき》ない絶対不可侵の完全《かんぜん》なる自由を与えるのが、宗教《しゅうきょう》の救《すく》いであります。「自由を与える」と申《もう》しましたが、「与える」といっても、決《けっ》して外から与えるのではない、教《おし》えは外から与えますが、その教《おし》えを契機《けいき》として、内在《ないざい》の「根本自由《こんぽんじゆう》」が触発《しょくはつ》され、開発《かいはつ》されるのであります。これが宗教《しゅうきょう》の救《すく》いであります。

二

人間《にんげん》は「自由《じゆう》」を求めてやまないものであります。人間の解放《かいほう》は、社会事業家《しゃかいじぎょうか》や政治運動家《せいじうんどうか》は、外の制度《せいど》や組織《そしき》の改革又《かいかくまた》は革命《かくめい》によってそれを行《おこな》おうと致《いた》します。これは外部的解放《がいぶてきかいほう》であります。しかし人間が内部《ないぶ》からの「自由」が開発されていませぬと、外から自由にせられても途《と》まどうばかりであります。こんな話があります。二人《ふたり》の囚人《しゅうじん》が突然《とつぜん》解放されて、刑務所《けいむしょ》の外へほり出されましたが、さてどこへ行《い》って職業《しょくぎょう》を得《え》、如何《いか》にして食事《しょくじ》を得《う》べきかわからないので、一人《ひとり》は強盗《ごうとう》をして再《ふたた》びとらえられて刑務所におくられ、もう一人《ひとり》は再《ふたた》びまいもどって、刑務所に「もう一度《ど》、どうぞ置いてく

契機　きっかけ。動機

触発　刺激を与えることにより意欲や行動などを引き起こすこと

頭注版㊴一五五頁

革命　国や社会の仕組みを急激に暴力的に変えること

ほり出される　放り出される

れ」と頼《たの》んだということであります。この寓話《ぐうわ》は、外からの解放《かいほう》だけでは人《にん》間《げん》は本当《ほんとう》に自由《じゆう》になり切れない。内部の「本然の自由性」が開発《かいはつ》されていなかったならば、結局《けっきょく》は、外界《がいかい》は内界《ないかい》の不自由性《ふじゆうせい》を反映《はんえい》して、再《ふたた》び自己《じこ》の外界に不自由《ふじゆう》な環境《かんきょう》を仮作《けさ》するものであることをあらわしているのであります。

さて、人間は誰《たれ》でも「自由」をもとめます。それは何故《なぜ》かというと、人間《にんげん》内部《ないぶ》に「根本自由《こんぽんじゆう》」というものが宿《やど》っているからであります。内部《ないぶ》に「本来《ほんらい》自由なるもの」が宿っていなかったならば、人間は「自由」なるものを求めないは勿論《もちろん》、かつて「自由」を知らなかったでありましょうが、内部に「本《ほん》然《ねん》の自由性《じゆうせい》」が宿っているからこそ、その発露《はつろ》をもとめて、その発露に際《さい》してたまたま障礙《しょうがい》となるところのものを突《つ》き破《やぶ》って突進《とっしん》しようとするのであります。この「内部の本然《ほんねん》の自由性」又《また》は「内部の根本自由」を称《しょう》して「ホトケ」と称するのであります。『涅槃経《ねはんぎょう》』に「解脱《げだつ》をもって仏《ほとけ》となす」とい

寓話　教訓や風刺を織りこんだたとえ話
本然　本来の状態
仮作　仮に作り出すこと
発露　表に現れ出ること

う句《く》がありますが、今迄《いままで》無縄自縛《むじょうじばく》していたところの自己本然《じこほんねん》の「根本自由《こんぽんじゆう》」を完全《かんぜん》に解放《かいほう》し得《え》たものがホトケ(解《ほど》け)即《すなわ》ち仏陀《ぶつだ》なのであります。弘法大師《こうぼうだいし》の、『即身義《そくしんぎ》』(異本《いほん》)には『華厳経《けごんぎょう》』の「遍《あまね》く十方《じっぽう》に詣《いた》りて成仏《じょうぶつ》を求め、身心《しんじん》久《ひさ》しく成仏《じょうぶつ》せることを知らず」という一節《せつ》を引いて、既《すで》に人間《にんげん》は「根本自由」(即《すなわ》ち束縛《そくばく》からの完全なる解脱《げだつ》)を得《え》て仏《ほとけ》になっているのに、なお成仏《じょうぶつ》を求めてさすらうているのであると書かれているのであります。

この「身心《しんじん》久しく成仏《じょうぶつ》(解脱《げだつ》)している」ということを知らしめて、人間に内在《ないざい》する既存《きそん》の「完全自由《かんぜんじゆう》」を自発《じはつ》せしめるのが宗教《しゅうきょう》の救《すく》いなのであります。

三

異本『即身義《そくしんぎ》』の名が出ましたが、弘法大師《こうぼうだいし》の『即身成仏義《そくしんじょうぶつぎ》』なる著作《ちょさく》

無縄自縛　縄もないのに自分で自分の身をしばること

弘法大師　空海。宝亀五～承和二年。平安時代初期の僧。唐の長安に学び、日本に真言密教をもたらして高野山に金剛峯寺を創建した。延喜二十一年、醍醐天皇より弘法大師の謚号(おくりな)を賜った。嵯峨天皇、橘逸勢と共に三筆の一人

『即身義』　空海著『即身成仏義』の略。真言密教の根本義である即身即仏の実現を説いた書。遠い未来に仏になれるという従来の成仏思想に対して、現世に於けるこの身のままで成仏できることを説く

異本　同一の原典に由来する書物で、伝承の過程で文字や文言に異なる部分を生じた本。別本

頭注版㊴一五七頁

のほかに、大師全集《だいしぜんしゅう》第《だい》十一巻《かん》に異本《いほん》が六種輯録《しゅしゅうろく》されております。これら異本は、大師自身《だいしじしん》の述作《じゅっさく》でないという説《せつ》もありますが、そういう典拠的《てんきょてき》なことは重大《じゅうだい》ではありませぬ。たとい弘法大師《こうぼうだいし》出《い》でずとも、何人《なんぴと》の著作《ちょさく》にしても、即身成仏《そくしんじょうぶつ》の真理《しんり》が書かれている事《こと》そのことが、即《すなわ》ち人間《にんげん》がかかる「即《そく》身成仏《しんじょうぶつ》」の思想信仰《しそうしんこう》を持つに至《いた》ったことその事が、既《すで》に人間そのものに「仏《ほとけ》」が内在《ないざい》している証拠《しょうこ》として取上《とりあ》ぐべきものなのであります。

即身《そくしん》とは、「すなわち此《こ》の身《み》」でありまして、「このままに此《こ》の身《み》」がという意味《いみ》であります。「甲《こう》は即ち乙《おつ》である」と申《もう》しますと、「甲はそのままで、乙である」という意味であります。「どうしないでもこのまま甲はイコール乙だ」ということであります。凡仏不二《ぼんぶつふじ》とか、凡聖不二《ぼんせいふじ》とかいいますが、凡《ぼん》と見るから凡《ぼん》に見えるが、仏《ほとけ》と見れば仏《ほとけ》である。そのままに仏《ほとけ》であるのであります。

こう言えば大変《たいへん》、簡単《かんたん》にわかったようで、何《なん》だかわからぬようで、ちょ

輯録　あつめて記録すること

述作　著述。著作

たとい　「たとえ」に同じ

甲　複数の人・物・事柄があるとき、その一つを名前に代えて言うときの一番目の語

乙　甲の次に来る語

凡仏不二・凡聖不二　凡夫も仏や聖者も本性に於いては一つであること

っとお困《こま》りになる方《かた》もあるかも知れませんが、「此《こ》の身《み》このまま仏《ほとけ》である」と言いましても、その「此《こ》の身《み》」というのが何《なに》を指《さ》すのか問題《もんだい》なのであります。「われは谷口《たにぐち》である」と仮《か》りに申《もう》しましても、その「われ」というのは、一体《いったい》、どれを指すのか問題であります。私が「われは谷口である」と申しましたら、或《あ》る人《ひと》が私の腕《うで》を切って、その腕に、「貴様《きさま》は谷口であるか」と問いましても、その腕は「われは谷口である」とは答えませぬ。また真《しん》に「谷口」でもありませぬ。それはかつて「谷口の」腕だったものに過《す》ぎませぬ。所有格《しょゆうかく》の「の」がついているのであります。そのようにして、脚《あし》に問うても、手に問うても、胴《どう》に問うても、更《さら》に脳髄《のうずい》を切りとって、脳髄に対《たい》して「汝《なんじ》は谷口なりや」と問いましても、脳髄も「谷口だ」とは答えませぬ。「谷口」は、脳髄でも筋肉《きんにく》でも、骨髄《こつずい》でも、皮膚《ひふ》でも内臓《ないぞう》でも、それらすべてを組み合わせたるものでもありませぬ。その生理的共同体《せいりてききょうどうたい》でもありませぬ。たとえば「誰《たれ》か」がキリストのように人類《じんるい》のために磔《はりつけ》にかかって

所有格　ある語が所有や所属などを表す文法上の関係

自分《じぶん》の肉体《にくたい》を滅《ほろ》ぼすと致《いた》しましても、その「誰《たれ》か」は、自分の肉体の滅びるのを見ていまして、満足《まんぞく》しているでありましょう。肉体というものは結局《けっきょく》は「自分の肉体」であって、「自身《じしん》」ではない。この問題《もんだい》が不明瞭《ふめいりょう》に置かれてあるから、一迷未断《いちめいみだん》の凡夫《ぼんぷ》がこの身《み》このまま仏《ほとけ》になれるかなどの問題を生《しょう》ずるのであります。道元禅師《どうげんぜんじ》が支那《しな》へ渡《わた》って道《みち》をもとめられたのも、『大蔵経《だいぞうきょう》』を読《よ》み行《ゆ》くうちに「本来本法性《ほんらいもとほっしょう》、天然自性心《てんねんじしょうしん》」の語に接《せっ》し、「本来清浄《しょうじょう》なる人間《にんげん》が何故《なぜ》迷《まよ》うか」の問題を解決《かいけつ》せんがためであり、弘法大師《こうぼうだいし》が入唐《にゅうとう》せられたのも、「この迷っている人間が何故《なぜ》清浄《しょうじょう》なる仏《ほとけ》になれるか」の問題を解決せんがためでありました。問題の提示《ていじ》のしかたは異《こと》なるようでありますが、要《よう》は、穢《けが》れている凡夫《ぼんぷ》と、清浄《しょうじょう》なる仏《ほとけ》とを如何《いか》に一《ひと》つに結びつけるかの同一問題《どういつもんだい》であったのであります。道元禅師《どうげんぜんじ》は天童山《てんどうざん》の如浄禅師《にょじょうぜんじ》に遭《あ》い、如浄禅師《にょじょうぜんじ》が「参禅《さんぜん》は須《すべか》らく身心脱落《しんじんだつらく》なるべし、只管打睡《ひたすらだすい》して什麼《なに》をなすにか堪《た》えん」と居睡《いねむ》りしている修行僧《しゅぎょうそう》に一喝《いっかつ》せられた。それを側《かたわ》らにいて

一迷未断　迷いに未練があってぐずぐずしているさま
凡夫　悟りに至っていない愚かな者
道元禅師　正治二～建長五年。鎌倉時代初期の禅僧。日本曹洞宗の開祖。前に大仏寺（のちの永平寺）を開創した
支那　中国大陸またはその一部の地域に対して用いられた地理的呼称。また、王朝や政権の名を超えた通史的な呼称
『大蔵経』　大乗仏教の経典の総称。「一切経」とも呼ばれる
如浄禅師　宋代の禅僧。道元禅師は「古仏」と称して敬った
参禅　坐禅すること
須く…べし　当然…であるべきだ
身心脱落　身も心も一切の束縛から解放されること
只管打睡　坐禅の語「只管打坐（しかんたざ）」をもじった言葉と思われる

きいていて、偶々《たまたま》「身心脱落《しんじんだつらく》」の妙境《みょうきょう》に達《たっ》し、身心脱落《しんじんだつらく》せばそのまま清浄《しょうじょう》なる仏身《ぶっしん》なることを悟《さと》られたのであります。空海弘法大師《くうかいこうぼうだいし》は恵果和尚《けいかおしょう》に就《つ》いて「三摩地法《さんまじほう》」を授《さず》けられ、三昧《さんまい》の境《きょう》に入《い》るとき本来清浄《ほんらいしょうじょう》の仏身《ぶっしん》にして即身成仏《そくしんじょうぶつ》なることを悟られ、多くの秘密蔵《ひみつぞう》の経論《きょうろん》をたずさえ帰られたのであります。どちらにしても、本来人間《にんげん》は清浄法身《しょうじょうほっしん》である。それを徹見《てっけん》するには乱想《らんそう》する精神《せいしん》を静めねばならぬという解決法《かいけつほう》に到達《とうたつ》したのであり、祇管打坐《しかんたざ》も「三摩地法《さんまじほう》」も、その方法《ほうほう》なのであります。弘法大師《こうぼうだいし》が唐《とう》から持ち帰られた秘密蔵《ひみつぞう》の経論《きょうろん》のうち最《もっと》も中心《ちゅうしん》になるものは『大毘盧遮那成仏神変加持経《だいびるしゃなじょうぶつじんぺんかじきょう》』略《りゃく》して、『大日経《だいにちきょう》』と称《しょう》する経《きょう》であります。

『大日経《だいにちきょう》』は、一《ひと》つの創作《そうさく》と見ても宜《よろ》しいが実《じつ》に素晴《すば》らしい結構《けっこう》(Composition)をもっているのでありまして、「入真言門住心品第一《にゅうしんごんもんじゅうしんほんだい》」の幕《まく》をひらくと、そこは、

一喝　大声でどなりつけること
妙境　くもりのない晴れ晴れとした境地
恵果和尚　唐代の僧。入唐した空海に金剛界と胎蔵界の両部を相承した
三摩地法　密教で身・口・意の三密の実践によって精神統一をする行法
秘密蔵　密教の経典
経論　釈迦の教えを記した経と、それを研究・解説した論
徹見　すみずみまで見とおすこと
乱想　煩悩に迷って乱れた心
祇管打坐　余念をまじえずにただひらすら坐禅を行うこと。道元禅師が強調した坐禅法。只管打坐
『大日経』『大毘盧遮那成仏神変加持経』の略。『金剛頂経』とともに真言密教の根本経典
結構　構造。構成

是《かく》の如《ごと》く、我《われ》聞きき。ある時《とき》、薄伽梵《ばがぼん》、如来加持《にょらいかじ》・広大金剛法界宮《こうだいこんごうほっかいぐう》に
住《じゅう》したまいき。

とあります。即《すなわ》ち幕《まく》が開《ひら》くとその舞台《ぶたい》は広大《こうだい》なる金剛法界《こんごうほっかい》の宮殿《きゅうでん》の光景《こうけい》であります。しかもその宮殿はただの物質《ぶっしつ》の宮殿ではない、「如来加持《にょらいかじ》」の即《すなわ》ち大日如来《だいにちにょらい》の愛護念《あいごねん》(加持《かじ》)の展開《てんかい》であるところの金剛法界《こんごうほっかい》の宮殿なのであり、その中央《ちゅうおう》に「如来《にょらい》」が坐《すわ》っておられるので、その荘厳《しょうごん》なること形容《けいよう》のしようがないのであります。「如来《にょらい》」と申《もう》しますと、「真如《しんにょ》」より「来生《らいしょう》」せる者《もの》のことでありまして、「真如《しんにょ》」即《すなわ》ち本地法身《ほんじほっしん》の宇宙大生命《うちゅうだいせいめい》の本体《ほんたい》が、その加持身《しん》(愛護念の具象化《ぐしょうか》せる身《み》)としてそこに顕現《けんげん》していられるのであり、本地法身《ほんじほっしん》の宇宙大生命《うちゅうだいせいめい》は加持身《かじしん》を媒介《ばいかい》とし、神変不可思議《じんぺんふかしぎ》の加持《かじ》(愛護《あいご》救拯《きゅうじょう》)の妙用《みょうよう》を発揮《はっき》したまうのであります。

本地《ほんじ》の大生命《だいせいめい》は無限《むげん》でありますから、その顕現《あらわれ》なる金剛法界宮《こんごうほっかいぐう》も無限に広

是の如く、我聞きき　仏教経典の冒頭の言葉「如是我聞(にょぜがもん)」。このように私は聞いた。経典が編纂された時にその経典が間違いなく釈迦の言葉であることを示した言葉

薄伽梵　釈迦や諸仏の尊称

加持　如来の不可思議力によって衆生を加護すること

法界　真理の表れとしての全宇宙

真如　永遠に変わらない絶対の真理

来生　生まれること

加持身　密教で、世の人を救うために現す仏身を言う

神変不可思議　人知ではかり知れない不思議な変化

救拯　すくい上げてたすけること

大であります。その広大《こうだい》、荘厳《しょうごん》なる有様《ありさま》を、『大日経《だいにちきょう》』は次のように説《と》いているのであります。

如来《にょらい》の信解《しんげ》、遊戯神変《ゆげじんぺん》より生《しょう》ずる大楼閣宝王《だいろうかくほうおう》は、高うして中辺《ちゅうへん》なく、諸々《もろもろ》の大妙宝王《だいみょうほうおう》を種々《しゅじゅ》に間飾《げんじき》し、菩薩《ぼさつ》の身《しん》を獅子座《ししざ》とす。

即《すなわ》ちこの楼閣《ろうかく》は高く無限《むげん》であり、周囲《しゅうい》にも際涯《さいがい》がなく無限である。それは如来《にょらい》の遊戯自在《ゆげじざい》、神変自在《じんぺんじざい》のはたらきがあらわしたところの楼閣《ろうかく》であり、まことに美しく荘厳《しょうごん》であるから「宝王《ほうおう》」とも形容《けいよう》されているのであります。「遊戯《ゆげ》」というのは神変《じんぺん》と同じような意味《いみ》であって、自由自在《じゆうじざい》に、方便《ほうべん》をもって衆生《しゅじょう》の心を悦《よろこ》ばしむる働《はたら》きをいうのであります。そしてそこに参集《さんしゅう》している菩薩《ぼさつ》は、すべて如来《にょらい》の加持身《かじしん》がその「座《ざ》」として宿《やど》っていられるのでありますから、菩薩《ぼさつ》は如来《にょらい》のお坐《すわ》りになる「獅子座《ししざ》」のようなものだという

信解　初めに仏の教えを信じ、その後に自分で理解すること

楼閣　高層の立派な建物。たかどの

際涯がない　限りがない

のであります。その菩薩《ぼさつ》には色々《いろいろ》の段階《だんかい》がある。その段階は初地《しょじ》から十一地までであり、十一地にいたって覚行円満《かくぎょうえんまん》して仏《ほとけ》の実相《じっそう》が顕現《けんげん》して仏《ほとけ》になるといわれております。この初地から成仏《じょうぶつ》までの徐々《じょじょ》に信《しん》と理解《りかい》がひらけてくる段階を「信解地《しんげじ》」というのであります。要《よう》するに無限《むげん》に広大《こうだい》なる金剛法界《こんごうほっかい》宮殿《きゅうでん》に中央《ちゅうおう》に大日如来《だいにちにょらい》、周囲《しゅうい》に無数《むすう》の初地《しょじ》から十住《じゅう》の菩薩《ぼさつ》に到《いた》るまで、ことごとく如来《にょらい》の愛護念《あいごねん》(加持《かじ》)の顕現であり、それは如来《にょらい》の智慧《ちえ》の顕現せる「金剛不壊《こんごうふえ》の実相世界《じっそうせかい》」であるから、密教《みっきょう》に於《お》いてはこれを「金剛法界《こんごうほっかい》」又《また》は「金剛界《こんごうかい》」というのであります。如来《にょらい》の智慧《ちえ》といいますと単《たん》に智慧《ちえ》のみの世界《せかい》であって、愛はないようにきこえるかも知れませぬが、そうではありませぬ。智慧《ちえ》の裏《うら》には愛があり、金剛界の裏には大悲《だいひ》胎蔵界がありまして、それは胎中《たいちゅう》に覆蔵《ふくぞう》せられていて表面《ひょうめん》には顕《あらわ》れませぬが、吾々《われわれ》の仏性内部《ぶっしょうないぶ》から育てる慈悲《じひ》の働《はたら》きをしているのであります。

この金剛界《こんごうかい》——如来《にょらい》の智慧《ちえ》をもって造構《ぞうこう》せられたる金剛不壊《こんごうふえ》の如来加持《にょらいかじ》の

覚行　自らも悟り、他をも悟らせる菩薩の修行

胎蔵界　密教で説く二つの世界の一つ。金剛界に対して、大日如来の理性の面を言う。大日如来の菩提心が一切を包み育てることを胎児が母胎の中で成育する力に例えた語

覆蔵　覆いかくすこと

造構　組み立てて造ること

世界《せかい》こそ「実在界《じつざいかい》」(実相世界《じっそうせかい》)でありまして、『甘露《かんろ》の法雨《ほうう》』にしるされている「神の心動《うご》き出《い》でてコトバとなれば一切《いっさい》の現象展開《てんかい》して万物成《ばんぶつな》る」とある「真象」の世界なのであります。現象《げんしょう》には「真象」と偽象とがありますが、真象《しんしょう》の世界は如来加持護念《にょらいかじごねん》の智慧《ちえ》の展開でありますから金剛不壊《こんごうふえ》なのであります。

四

然《しか》るに普通《ふつう》に現象という場合《ばあい》には五官面《ごかんめん》に顕《あらわ》れて見える偽象《ぎしょう》のことをいうのでありますが、この現象(偽象《ぎしょう》)と実相《じっそう》とは著《いちじる》しい相異《そうい》なのでありまして、長沙《ちょうさ》の岑禅師《しんぜんじ》が、「如何《いか》なるか是《こ》れ堅固法身《けんごほっしん》」と問われたときに「膿《のう》滴々地《てきてきじ》」と答えた如《ごと》きは、実《じつ》に現象は「膿滴々地《のうてきてきじ》」であっても実相は「堅固《けんご》法身《ほっしん》」であることを明《あきら》かにしているのであります。これは人間《にんげん》の身体《からだ》に於《お》い

『甘露の法雨』 昭和五年に著者が霊感によって一気に書き上げた五〇五行に及ぶ長詩。『甘露の法雨』の読誦により、今日に至るまで無数の奇蹟が現出している。本全集第三十五・三十六巻「経典篇」参照

真象 物事の本当のかたち

頭注版㊴一六二頁

岑禅師 長沙景岑。唐代の禅僧。南泉普願に師事した後、洞庭湖の長沙山で仏法を発揚した

堅固法身 どんなものにも破壊されない身体

膿滴々地 うみがしたたり落ちるところ。岑禅師が誤って摂取した毒による傷口が化膿してうみが流れているさま

てのみならず、世界《せかい》に於《お》いてもそうなのであります。実相《じっそう》は金剛法界《こんごうほっかい》でありながら現象《げんしょう》から見ればそれは見えない。だからそれは秘密蔵《ひみつぞう》の世界であり、その秘密蔵《ひみつぞう》の世界と人間《にんげん》とを教《おし》えるのが密教《みっきょう》なのであります。この秘《ひ》密蔵《みつぞう》の世界を指示《しじ》した経文《きょうもん》が『大日経《だいにちきょう》』でありますが、釈迦成道後《しゃかじょうどうご》の第《だい》一説法《せっぽう》たる『華厳経《けごんぎょう》』はこの秘密蔵《ひみつぞう》の世界を開示《かいじ》したものであって、だから仏教本来《ぶっきょうほんらい》は秘密蔵《ひみつぞう》の実相世界《じっそうせかい》を開示する教えだともいえるのであります。

次に『華厳経《けごんぎょう》』の一部《ぶ》を意訳《いやく》してみることに致《いた》します。

それは釈迦牟尼仏《しゃかむにぶつ》が舎衛城《しゃえいじょう》の祇園精舎《ぎおんしょうじゃ》の大荘厳重閣講堂《だいしょうごんじゅうかくこうどう》で説法《せっぽう》しておられた時《とき》のことでした。重閣講堂というのは現象界《げんしょうかい》から見ればささやかな茅屋《ぼうおく》にみすぼらしい僧侶《そうりょ》たちが釈迦《しゃか》の説法を聴《き》いているように見えますが、実相界《じっそうかい》から見れば、それは大荘厳《だいしょうごん》きわまりなき、宏大無辺《こうだいむへん》の講堂《こうどう》で、無数《むすう》の菩薩《ぼさつ》たちが雲のように集《あつま》って説法を聴聞《ちょうもん》しているのです。これが本《ほん》当《とう》にわからなければ『華厳経《けごんぎょう》』はわかりません。現象界の姿《すがた》と、実相界の

開示　教えをはっきりと説き示すこと

意訳　原文の一語一語にとらわれずに全体の意味をくみとって訳すこと

茅屋　茅葺き（かやぶき）の粗末な家

宏大無辺　限りなく広々として果てしないこと

聴聞　説教や講話などを聴くこと

姿《すがた》と二重《じゅう》にそのまま存《そん》するのですけれども、実相《じっそう》を見る智慧《ちえ》の眼《まなこ》のひらかない者《もの》には、その荘厳《しょうごん》なる光景《こうけい》が見れども見えず、聴《き》けども聞《きこ》えないのです。それはＡＫの放送《ほうそう》の波《なみ》とＢＫの放送の波と二重に一空間《くうかん》に存在《そんざい》するのと同じようです。ＡＫに波長《はちょう》を合《あわ》せればＡＫの放送があらわれます。ＢＫに波長を合《あわ》せれば、ＢＫがあらわれます。現象界《げんしょうかい》の波と実相界《じっそうかい》の波と二重に存在していますから、「重閣講堂《じゅうかくこうどう》」というのでありまして、吾々《われわれ》の心が波長を合《あわ》し得《え》た方《ほう》ばかりが見えるのです。「重閣講堂」というのは必《かなら》ずしも、単《たん》に屋根《やね》が重なっている楼閣《ろうかく》という意味《いみ》ではありません。

新興物理学《しんこうぶつりがく》は一切《いっさい》の現象《げんしょう》を「波動《はどう》」に還元《かんげん》いたしました。それは仮《かり》にエーテル波《なみ》といってもよろしい。エーテル波《なみ》を受取《うけと》って、吾々《われわれ》の視覚器官《しかくきかん》を利《り》用《よう》して吾々《われわれ》の心が或《あ》る形《かたち》にそれを現《あらわ》します。心がそれを或《あ》る形にあらわさなかったら「或《あ》る形」はあらわれないのであります。蛙《かえる》の見ている世界《せかい》と、人《にん》間《げん》の見ている世界とは、見る者《もの》が同一空間《どういつくうかん》におって見ていても、異《こと》なる世界を

ＡＫ　ＪＯＡＫ。ＮＨＫ東京第一放送のコールサイン

ＢＫ　ＪＯＢＫ。ＮＨＫ大阪第一放送のコールサイン

新興物理学　二十世紀以降の物理学。相対性理論および量子力学以降の物理学。現代物理学

還元　複雑な物事を根本的なものに置き直して帰着させること

エーテル波　宇宙空間にあって、光・熱・電気の波及のなかだちとなるもの。本著執筆時以降その存在を巡って紆余曲折して現在に至っている。本全集第二巻「実相篇」第一章「近代科学の空即是色的展開」参照

見るのであります。それは同じ場所《ばしょ》に置いてあるラジオ・セットでも、一方《いっぽう》は第《だい》一放送《ほうそう》を聴《き》き、他方《たほう》は第二放送を聴《き》くと同じことであります。生物《せいぶつ》は（蛙《かえる》でも人間《にんげん》でも、また人間においても、人間のうちのA、B、C……等《とう》）いずれも一個《こ》の「生命《せいめい》ラジオ・セット」でありまして、同じ家庭《かてい》にいましてもA、B、C等いずれも各々《おのおの》異《こと》なる極楽《ごくらく》や地獄《じごく》をその生活《せいかつ》に現《げん》ずるのであります。

ところで釈迦《しゃか》は現象界《げんしょうかい》のみに波長《はちょう》の合う眼《め》で眺《なが》めますと、ちぢれ髪《がみ》の、一個《こ》のインド人僧侶《じんそうりょ》に過《す》ぎません。しかし、実相面《じっそうめん》に吾等《われら》の心の波長を合《あわ》して見ますと、釈迦《しゃか》は、釈迦牟尼如来《しゃかむににょらい》であり、如来《にょらい》の道光《どうこう》あまねく一切《いっさい》を照《てら》し、如来《にょらい》は単《たん》なる個身《こしん》ではなく、一切衆生《いっさいしゅじょう》の内部生命《ないぶせいめい》として吾等《われら》の内《うち》に宿《やど》っていられ、一切衆生《いっさいしゅじょう》の内部福田《ないぶふくでん》として一切の善《よ》きものを吾々《われわれ》より生み出し給《たま》う源泉《げんせん》なのであります。それはキリスト教的《きょうてき》に言えば「内在《ないざい》のキリスト」又《また》は「爾《なんじ》に宿るキリスト」であります。しかしそれは未《いま》だ心眼開《しんがんひら》かず、

道光　仏の悟りから放つ光明

福田　田が実りを生ずるように、福徳を生ずるもとになるもの

心の波長《はちょう》の合わないものには見えないのであります。しかし、心眼開《しんがんひら》かず、心の波長の合うだけの修行《しゅぎょう》の出来《でき》ない者《もの》にも、その荘厳《しょうごん》なる実相《ほんとのすがた》を見せて欲《ほ》しい。これがその時集《ときあつま》っていた大衆《たいしゅう》の念願《ねんがん》であったのです。そこで彼《かれ》らは心のうちで

「如来《にょらい》の道明《どうみょう》　普《あまね》く一切《いっさい》を照《てら》し、如来《にょらい》は自在《じざい》に一切衆生《いっさいしゅじょう》の処《ところ》に入《い》り、如来《にょらい》は一切衆生《いっさいしゅじょう》の為《ため》に最上《さいじょう》の福田《ふくでん》と作《な》りたまう。何卒《なにとぞ》、一切衆生《いっさいしゅじょう》のために功徳《くどく》ある恵《めぐ》みを垂《た》れ給《たま》いて、身業《しんごう》、語業《ごごう》、意業《いごう》の三輪《りん》をもって、実《じつ》に吾《われ》らを既《すで》に済《すく》い給《たま》える有様《ありさま》を、具体的《ぐたいてき》に顕現《けんげん》したまえ」

と念《ねん》じたのでした。

釈迦《しゃか》はこの時、大衆《たいしゅう》の念願する意《こころ》を感《かん》じて獅子奮迅三昧《ししふんじんざんまい》に入《い》られました。

獅子奮迅三昧《ししふんじんざんまい》とは、獅子王《ししおう》が咆哮《ほうこう》するときは百獣恐《ひゃくじゅうおそ》れ伏《ふ》して声《こえ》なきが如《ごと》く、如来《にょらい》は一切、人間天人等《にんげんてんにんとう》の獅子王《ししおう》であって、如来《にょらい》が実相《じっそう》の霊波《れいは》を奮然《ふんぜん》と

獅子奮迅三昧　百獣の王である獅子が奮い立ったように激しく心を集中した状態。その情景は著者による戯曲にもみられる。本全集第五十巻「宗教戯曲篇」中巻「釈迦と維摩詰」第一幕参照

獅子王　百獣の王である獅子をほめたたえて言う語

咆哮　獣などがほえること

奮然　気力をふるい立たせるさま

獅子吼《ししく》したまうとき、衆生《しゅじょう》の迷妄《めいもう》の波動声《はどうこえ》なく、ただ実相《じっそう》のみが顕《あらわ》れるところの強力《きょうりょく》なる精神透一《せいしんとういつ》です。強力なる電力《でんりょく》でラジオの放送《ほうそう》を行《おこな》うとき、他《た》の弱小《じゃくしょう》なる電力で放送せられるラジオ波《は》は悉《ことごと》く打ち消されて、強力なる電波《でんぱ》のみが顕《あらわ》れるのと同じように、如来《にょらい》が獅子《しし》奮迅三昧《ふんじんざんまい》に入《い》り給《たま》うとき、迷《まよ》いに満《み》ちた現象界《げんしょうかい》の波動は打消《うちけ》され、荘厳《しょうごん》なる実相世界《じっそうせかい》の有様《ありさま》のみが顕《あらわ》れるのです。

その実相界《じっそうかい》の有様《ありさま》が顕《あらわ》れる刹那《せつな》の光景《こうけい》を、『華厳経《けごんぎょう》』(「入法界品《にゅうほっかいほん》」第《だい》三十四之《の》二)には次の如《ごと》く書かれています。

三昧《さんまい》に入《い》り已《おわ》りし時《とき》、大荘厳《だいしょうごん》の重閣講堂《じゅうかくこうどう》は忽然として広博《こうはく》なること無量無辺《むりょうむへん》にして、破壊《はえ》すべからず。

今《いま》まで現象界の二重《じゅう》の塔《とう》にしか見えていなかった重閣講堂《じゅうかくこうどう》が忽然として

獅子吼　仏の説法。仏が獅子のような威力をもって説法すると一切がそれに従うさまを例えて言う

刹那　瞬間

広博　ひろいこと。なお、大日如来のことを、宇宙の一切をそなえた広大な仏であることから広博身如来とも言う

無量無辺　計り知れないこと。果てしないこと

広博《ひろびろ》とした無限《むげん》にひろい永遠《えいえん》に破壊《はかい》されない、久遠実成《くおんじつじょう》の極楽荘厳《ごくらくしょうごん》の世界《せかい》に変《かわ》ってしまったのです。全《まった》く『大日経《だいにちきょう》』の「如来《にょらい》の神変《じんぺん》より生《しょう》ずる大楼閣宝王《だいろうかくほうおう》は高うして中辺《ちゅうへん》なく」と書かれているのに一致《いっち》するのであります。

「忽然《こつねん》として」と申《もう》しますと単《たん》に「忽《たちま》ち」とか「直《す》ぐ」とかいう意味《いみ》ではなく、「心」に「勿《なか》れ」という文字《もじ》の構成《こうせい》にも顕《あらわ》れておりますが、心にとらえどころが無《な》いのです。どうして有様《ありさま》が変《かわ》ったのかわからない。それを「忽然《こつねん》として変化《へんげ》せり」と申します。廻《まわ》り舞台《ぶたい》が廻《まわ》って、裏面《りめん》の舞台装置《ぶたいそうち》が出て来るのだったら、その過程《かてい》が見えている。廻《まわ》り舞台が廻《まわ》りもしない、どうもその過程がわからないのに、ヒョックリ変《かわ》っている、これを「忽然変化《こつねんへんげ》」と申します。病気《びょうき》でも治《なお》る過程がわからないのに、ヒョックリ治《なお》っている、こういう場合《ばあい》に、「忽然癒《こつねんい》ゆ」というのであります。それと同じように、忽然釈迦《こつねんしゃか》が獅子奮迅三昧《ししふんじんざんまい》に入《い》られると、舞台装置が瞬間《しゅんかん》に暗転《ダーク・チェンジ》するかのように、重閣講堂《じゅうかくこうどう》の姿《すがた》は消え去り、実相世界《じっそうせかい》の荘厳《しょうごん》なる有様《ありさま》があらわれたので

久遠実成『法華経』の「如来寿量品」にある言葉。永遠に成仏していること。永遠の実相世界は完全であること

廻り舞台 歌舞伎の舞台機構。中央の床を円形に切り抜き、その部分を回転して場面転換させる

ダーク・チェンジ dark change 演劇で幕を下ろさずに舞台を暗くして場面転換をすること

す。その光景《こうけい》を『華厳経《けごんぎょう》』の示すところを平易《へいい》な現代語《げんだいご》に直《なお》して表《あらわ》しますと次の通《とお》りです。

「地面《じめん》は金剛石《こんごうせき》のように清浄《しょうじょう》であって荘厳《しょうごん》きわまりなき有様《ありさま》である。その上に如意宝珠《にょいほうじゅ》が砂利《じゃり》のように敷《し》きつめられている。素晴《すば》らしく美しき宝華《ほうげ》が一ぱいに咲いている。その華《はな》からは花粉《かふん》が散るように霊妙《れいみょう》な宝玉《ほうぎょく》が散る。瑠璃《るり》の柱が立っている、その柱は明澄清浄《めいちょうしょうじょう》な宝玉《ほうぎょく》を以《も》って荘厳《しょうごん》に飾《かざ》られている。その数《すう》は無数《むすう》であって、緻密《ちみつ》にちりばめてあってほとんど隙間《すきま》がない。この世《よ》にある限《かぎ》りの宝《たから》をあつめて楼閣《ろうかく》がつくられており、諸々《もろもろ》の立派《りっぱ》な欄干《おばしま》、高塀等《たかべいなど》をめぐらして厳《おごそ》かに装飾《そうしょく》されているが、その数《すう》は無数《むすう》である。諸天人《しょてんにん》の宝《たから》、堅固《けんご》にして壊《くだ》けない色々《いろいろ》の宝をもって装飾し、燦爛《さんらん》たる如意宝珠《にょいほうじゅ》を編《あ》みつづった網《あみ》がその上にかけてある。色々の宝幢《のぼりばた》が建ちならび、無数の幡蓋《はたかざり》がその上に懸《か》かり、法《ほう》の光《ひかり》があまねく大光明《だいこうみょう》の網《あみ》を張《は》りめぐらした観《かん》がある。そのほ

金剛石　ダイヤモンド

如意宝珠　一切の願いが自分の意の如くかなうという不思議な宝のたま

霊妙　人知では計り知れないほどの神秘的で不可思議なさま

瑠璃　仏教の七宝の一つ。青色の宝玉

緻密　念入りで手落ちがなく、細部まで行き届いていること

おばしま　欄干（らんかん）。手すり

燦爛　光り輝いて美しいさま

かのところにはそれ相応《そうおう》に雑々《いろいろ》の妙《たえ》なる宝《たから》をもって装飾《そうしょく》され、四辺《あたり》の階道《わたどの》は諸々《もろもろ》の宝をもって構造《こうぞう》されている。……」

以上《いじょう》が重閣講堂《じゅうかくこうどう》の実相面《じっそうめん》から見たる光景《こうけい》の一部《ぶ》でありますが、更《さら》にその講堂《こうどう》の周囲《しゅうい》の光景を見渡《みわた》しますと、

「今《いま》まで祇園精舎《ぎおんしょうじゃ》を囲《かこ》む小さな林だと思われていた祇園林《ぎおんりん》は忽然《こつねん》として広博《ひろびろ》となる、数《かぞ》えきれぬ他《た》の仏《ほとけ》の国土《こくど》と同じく無限《むげん》の広さだ。衆宝《しゅほう》で飾《かざ》ってある。形容《けいよう》し難《がた》い宝がどこもかしこも処狭《ところせま》き有様《ありさま》だ。めぐらす垣《かき》も無数《むすう》の宝で出来《でき》ている。宝多羅樹《ほうたらじゅ》は道《みち》の両側《りょうがわ》に植えられ、河《かわ》には香水《こうすい》がなみなみと湛《たた》えて流れている。その波《なみ》の一《ひと》つ一つは宝石《ほうせき》をもって作った華《はな》のようである。その波のうねりは右旋回《みぎせんかい》にめぐって、波の音は仏法《ぶっぽう》を演説《えんぜつ》している。想像《そうぞう》を超《こ》えた美しい睡蓮《すいれん》の華《はな》が悉《ことごと》くよく開《ひら》いて水面《すいめん》を蔽《おお》っている。その岸にある宝樹《ほうじゅ》には美しき花をひらきて高く伸《の》び茂《しげ》っている。そこに妙《たえ》なる美しき楼閣《ろうかく》が聳《そび》え、それを更《さら》に美しく飾るた

衆宝　多くの宝物

宝多羅樹「宝」は美称。ヤシ科の常緑大高木。葉が広く、インドでは経文を写すのに用いた

めに、如意宝珠《にょいほうじゅ》を編《あ》み綴《つづ》った宝網《ほうもう》をヴェールのように懸《か》けてある。まだそのほかに無限《むげん》の美しき宝《たから》が諸々方々《しょしょほうぼう》を飾《かざ》り、その光明《こうみょう》は遍《あまね》く到《いた》る処《ところ》を照《て》らしている。地面《じめん》には無数《むすう》の如意宝珠《にょいほうじゅ》を敷《し》きつめて地を厳飾《ごんじき》してある。無数の妙香《みょうこう》が馥郁《ふくいく》としている。幡幢《ばんどう》、繒幢《そうどう》、華幢《けどう》……色々《いろいろ》の華麗《かれい》荘厳《しょうごん》きわまりなき金襴《きんらん》の幢《のぼりばた》が無数に天《てん》の帳《とばり》のように垂《た》れさがっている。天空《てんくう》には宝宮殿雲《ほうきゅうでんうん》、香樹雲《きょうじゅうん》、須弥山雲《しゅみせんうん》などとでも呼《よ》ばねばならぬような、想像《そうぞう》も及《およ》ばない宮殿《きゅうでん》の甍《いらか》の形《かたち》をした鱗雲《うろこぐも》、香樹《きょうじゅ》の形をした飛《ひ》行機雲《こうきぐも》、須弥山《しゅみせん》の聳《そび》ゆるが如《ごと》き積乱雲《せきらんうん》などが、美しい光彩《こうさい》を放《はな》って飾っている。そこから何《なん》と形容《けいよう》したら好《よ》いか、何《なん》という楽器《がっき》の音《おと》であるか、この世《よ》の奏楽《そうがく》とは思えない妙《たえ》なる音楽が如来《にょらい》を讃頌《さんしょう》するように響《ひび》いて来るのである。衆《いろいろ》の宝が空中《くうちゅう》にあって褥《しとね》のように棚引《たなび》く座雲《ざうん》の上に按置《あんち》されて漂《ただよ》うている。その宝の上には法衣《ほうえ》をもって大切《たいせつ》に蔽《おお》うてある。……」

諸々方々　あちらこちら
馥郁　よい香りがいっぱいにただよっているさま
金襴　緯(よこいと)に金糸を加えて模様を織り出した美しい織物
帳　カーテン
讃頌　歌などにしたり、言葉を尽くしたりしてほめたたえること
褥　布団。寝床

以上《いじょう》の如《ごと》き光景《こうけい》が、釈迦牟尼《しゃかむに》が獅子奮迅三昧《ししふんじんざんまい》に入《い》り給《たま》うたときに顕《あらわ》れて来たのです。これこそが実相世界《じっそうせかい》の光景であるのであります。

五

ところがこの時《とき》、釈迦《しゃか》の十大弟子《じゅうだいでし》達《たち》はこれらの光景を見たかと申《もう》しますと、見なかったのです。『華厳経《けごんぎょう》』はつづけて次のように書いております。——

「爾時《そのとき》、諸々《もろもろ》の大声聞《だいしょうもん》なる、舎利弗《しゃりほつ》、目犍連《もくけんれん》、摩訶迦葉《まかかしょう》、離婆多《りはだ》、須《しゅ》菩提《ぼだい》、阿泥盧豆《あにるづ》、難陀《なんだ》、金毘羅《こんぴら》、迦旃延《かせんねん》、富楼那弥多羅尼子《ふるなみたらにし》、是《かく》の如《ごと》き等《とう》の諸々《もろもろ》の大声聞《だいしょうもん》は祇園林《ぎおんりん》にありて而《しか》も悉く如来の自在を見ず。如《にょ》来《らい》の荘厳《しょうごん》、如来《にょらい》の境界《きょうがい》、如来《にょらい》の変化《へんげ》、如来《にょらい》の獅子吼《ししく》、如来《にょらい》の妙功徳《みょうくどく》、如来《にょらい》の自在行《じざいぎょう》、如来《にょらい》の勢力《せいりき》、如来《にょらい》の住持力《じゅうじりき》、清浄《しょうじょう》の仏刹《ぶっせつ》、是《かく》の如《ごと》き等《とう》

頭注版㊴一六八頁

釈迦の十大弟子 ここに引用された経文中の弟子の他に、持律第一の優婆離(ウーパリ)、密行第一の羅睺羅(らごら)、多聞第一の阿難が十大弟子として数えられている

大声聞 「声聞」は釈迦の説法する声を聞いて悟る弟子

舎利弗 智慧第一と称せられる仏弟子

目犍連 神通第一

摩訶迦葉 経典を結集した仏弟子。頭陀(ずだ)第一

離婆多 舎利弗の弟とも言われる仏弟子。十大弟子には入っていない

須菩提 解空(げくう)第一

阿泥盧豆 天眼第一の阿那律(あなりつ)の別称

難陀 釈迦の弟子の一人。十大弟子の一人ではない

の事《こと》を悉く見ず……」（下略《げりゃく》）

というのであります。それは何故《なぜ》であるかといいますと、現代的《げんだいてき》に申《もう》しますと、感受器官《かんじゅきかん》又《また》は感受《かんじゅ》する心の波長《はちょう》が異《ことな》るためでありますが、つづいて『華《け》厳経《ごんぎょう》』には次のように書いてあります。

「何《なに》をもっての故《ゆえ》に、別異《べつい》の善根《ぜんごん》行《ぎょう》を修習《しゅうじゅう》せしが故《ゆえ》に。本《もと》よく如来《にょらい》の自在《じざい》を見るべき善根《ぜんごん》を修習《しゅうじゅう》せず、又仏土《またぶつど》を浄《きよ》むる行《ぎょう》を修習《しゅうじゅう》せず。又仏《またほとけ》の自在《じざい》を見て、得《え》し所《ところ》の功徳《くどく》を讃嘆《さんたん》せず、生死《しょうじ》の中《なか》に於《お》いて衆生《しゅじょう》を教《きょう》化《げ》し、阿耨多羅三藐三菩提心《あのくたらさんみゃくさんぼだいしん》を発《おこ》さず……諸々《もろもろ》の波羅蜜《はらみつ》を成就《じょうじゅ》せず、衆生《しゅじょう》の為《ため》に勝妙《しょうみょう》の智慧眼《ちえげん》の地を称嘆《しょうたん》せず……菩薩《ぼさつ》の境界《きょうがい》の不壊《ふえ》の善《ぜん》根《ごん》を修《しゅ》せず……普賢《ふげん》の清浄《しょうじょう》の智眼《ちげん》を得《え》ず……此《こ》の因縁《いんねん》を以《もっ》て諸々《もろもろ》の大《だい》弟子《でし》は見ず聞かず、入《い》らず、覚《かく》せず、能《よ》く遍《あまね》く観《かん》ぜず……是故《これゆえ》に諸々《もろもろ》の

金毘羅　インドの霊鷲山に住む仏法の守護神。また、薬師十二神将の一。釈迦の十大弟子の一人ではない

迦旃延　論義第一

富楼那弥多羅尼子　説法第一。富楼那

勢力　仏教語。威力をもった強い力

善根行　よい報いを招く原因となる善い行い

修習　身につくまで修行に努めること

勝妙　非常にすぐれているさま

称嘆　ほめたたえること

大弟子《だいでし》は祇園林《ぎおんりん》に在《あ》りて如来《にょらい》の自在神力《じざいじんりき》を見ず……譬《たと》えば地中《ちちゅう》に諸々《もろもろ》の宝蔵《ほうぞう》あり、唯天眼通力者《ただてんげんつうりきしゃ》のみ、悉《ことごと》く能《よ》く別知《べっち》して庫蔵《こぞう》を記録《きろく》し、以《もっ》て自《みずか》ら資給《しきゅう》して父母《ぶも》に奉養《ぶよう》し、親属《しんぞく》を賑卹《しんじゅつ》し、貧乏《びんぼう》を拯済《じょうさい》するが如《ごと》し……」（『華厳経《けごんぎょう》』第《だい》四十五入法界品《にゅうほっかいほん》第三十四之一）

まだ色々《いろいろ》興味《きょうみ》ある譬《たと》えをもって、この荘厳《しょうごん》なる実相世界《じっそうせかい》にいながら、それを普通《ふつう》の五官《ごかん》が見ず知らざる所以《ゆえん》を説明《せつめい》してありますが、善財童子《ぜんざいどうじ》がこの実相世界の楼門《ろうもん》をひらいて金剛法界《こんごうほっかい》に入《い》るべく、先達《せんだち》のところを普《あまね》く教《おし》えを受けて廻《まわ》るのが、この『華厳経《けごんぎょう》』の「入法界品《にゅうほっかいほん》」なのであります。而《しか》して善財童子《ぜんざいどうじ》はついにこの金剛法界《こんごうほっかい》に入《い》る道《みち》を弥勒菩薩《みろくぼさつ》より教《おし》えられたのであります。

善財童子《ぜんざいどうじ》が無数《むすう》の聖者《せいじゃ》に教えを受け最後《さいご》に弥勒菩薩《みろくぼさつ》のところへ生死解脱《しょうじげだつ》の道を教えらるべく往詣《おうけい》したときに、弥勒菩薩《みろくぼさつ》は善財童子《ぜんざいどうじ》にこう偈《げ》をもって

別知　別知行の略。特別な配慮によって、知行を与えること。また、その知行

賑卹　困っている者をあわれんで恵むこと

拯済　救済すること

善財童子　『華厳経』「入法界品」の説く求道の菩薩。発心して五十三人の善知識を歴訪して種々の教えを聴き、最後に弥勒・文殊・普賢の三菩薩を訪ねて修業を完成した。この故事は東海道五十三次の由来とも言われる

楼門　下層に屋根のない二階造りの門

弥勒菩薩　兜率天の内院に住んで天人のために説法している菩薩。釈迦入滅後五十六億七千万年後にこの世に下って衆生を救うとされる

往詣　出かけていってお会いすること

偈　韻文の形式で、仏の功徳や教えを誉め讃える言葉

讃頌《さんしょう》せられたと「入法界品第《にゅうほっかいほんだい》三十四之《の》十五」には書かれてあります。——

善財童子《ぜんざいどうじ》は浄《きよ》き直心《じきしん》と智慧《ちえ》ともて
専《もっぱ》ら菩薩行《ぼさつぎょう》を求めて、我所《わがもと》に来至《らいし》せり
善《よ》くぞ来《きた》りし大悲《だいひ》の雲、能《よ》く甘露《かんろ》の法《ほう》を雨《あめふ》らし
三浄眼《じょうげん》を具足《ぐそく》して、菩薩《ぼさつ》の行《ぎょう》に厭《あ》くこと無《な》し
……（中略《ちゅうりゃく》）……
善財衆生《ぜんざいしゅじょう》を見るに、生老病死《しょうろうびょうし》の苦《く》あり
大悲《だいひ》の心を発《おこ》さんが為《ため》に、専《もっぱ》ら仏《ほとけ》の菩提《ぼだい》を求む
五道《ごどう》の輪転《りんでん》を見るに、衆苦《しゅく》に逼迫《ひっぱく》せらる
智《ち》の金剛輪《こんごうりん》を修《しゅ》して、苦趣《くしゅ》の輪《りん》を壊散《えさん》す（下略《げりゃく》）

また無数《むすう》に菩薩行《ぼさつぎょう》の功徳《くどく》が書かれておりますが、要《よう》するに生老病死《しょうろうびょうし》の苦

直心　正しくまっすぐな心。素直な心
来至　おいでになる
菩提　悟りの智慧
衆苦　多くの苦しみ
逼迫　悩み苦しむこと
壊散　こわし散らす

を滅《めっ》し、五道《ごどう》の輪転《りんでん》（地獄《じごく》、餓鬼《がき》、畜生《ちくしょう》、人間《にんげん》、阿修羅《あしゅら》の五趣に生《うま》れ替《かわ》りて生々世々《しょうじょうよよ》苦しむ）その苦趣（苦しみの世界《せかい》）を智慧《ちえ》の金剛輪《こんごうりん》をもって破摧《はさい》して人間を至楽《しらく》の境界《きょうがい》にあらしめようというのが菩提心《ぼだいしん》であり、そのための行《ぎょう》が、菩薩行《ぼさつぎょう》であります。そこで善財童子《ぜんざいどうじ》が、

「如何《いか》んが菩薩《ぼさつ》は菩薩行《ぼさつぎょう》を学《がく》し、菩薩道《ぼさつどう》を修《しゅ》するや」と問います。すると弥勒菩薩《みろくぼさつ》は、

「今是《いまここ》、明浄荘厳《みょうじょうしょうごん》の大楼観《だいろうかん》に入《い》らば、則《すなわ》ち能《よ》く菩薩行《ぼさつぎょう》を学《がく》し、菩薩道《ぼさつどう》を修《しゅ》するを了知《りょうち》して、無量《むりょう》の功徳《くどく》を具足《ぐそく》し成就《じょうじゅ》せん」と言われます。

すると善財童子《ぜんざいどうじ》は言います――

「唯《ただ》、願《ねが》わくば大聖《だいしょう》、楼観の門を開《ひら》き、我《われ》をして入《い》るを得《え》しめたまえ」

そのとき、弥勒菩薩《みろくぼさつ》は、右の拇指《おやゆび》と人差指《ひとさしゆび》とをつまむ形《かたち》をして弾《はじ》かれますと、その弾指《だんし》の音《おと》と同時《どうじ》に、楼観《ろうかん》の門は自然《しぜん》に開《ひら》いて、善財童子《ぜんざいどうじ》は、今是《いまここ》明浄荘厳《みょうじょうしょうごん》の大楼観《だいろうかん》の中《うち》にいる自分《じぶん》を見出《みいだ》したのであります。一弾指《だんし》は極《きょく》

生々世々　生まれかわり死にかわりして経る多くの世。未来永劫。「しょうじょうせぜ」とも読む

明浄　澄みきっていてきよらかであるさま

楼観　物見の高い建物

了知　さとり知ること。よく理解すること

大聖　徳が最も高い聖人。ここでは弥勒菩薩を敬って呼んだ語

微《び》の時間《じかん》を指《さ》し、無限《むげん》の時間が一点《てん》に縮《ちぢ》まった象徴《しょうちょう》であり、開《ひら》いた指が合《がっ》する形《かたち》によって空間《くうかん》の開《ひら》きが「一点」に縮まった象徴であり、時間空間の現《げん》象界《しょうかい》が無時《むじ》・無空間《むくうかん》の本地《ほんじ》にかえると共《とも》に実相密厳《じっそうみつごん》の世界《せかい》が展開《てんかい》したのであります。

『華厳経《けごんぎょう》』にはこの時《とき》の有様《ありさま》を、

「爾時《そのとき》、弥勒菩薩《みろくぼさつ》、即《すなわ》ち右の指を弾《はじ》きたまえば、門は自然《じねん》に開《ひら》き、善財《ぜんざい》即《すなわ》ち入《い》る。入《い》り已《おわ》りて還《かえ》りて閉《と》じぬ」と書かれております。

この「入《い》り已《おわ》りて還《かえ》りて閉じぬ」というところに、実相世界《じっそうせかい》と、仮象《かしょう》の世界との隔絶《かくぜつ》が象徴的《しょうちょうてき》に示されているのであります。実相《じっそう》の世界にいるものは、仮象《かしょう》の不完全《ふかんぜん》な世界を観《み》ることが出来《でき》ない。仮象《かしょう》の不完全な世界を観《み》ているものは実相世界の広大荘厳《こうだいしょうごん》の世界を見ることが出来ない。そこには門はなけれども門があるのであります。その門を開《ひら》くには「観《かん》」を以《もっ》てするのであります。「観《み》ることは創造《つく》ることである。」だから私は「神が天地《てんち》をお造《つく》

密厳　大日如来の浄土である密厳浄土。『大乗密厳経』に説く、三密の万徳で荘厳された浄土

仮象　実際には存在しないが、あるかのように見える仮のすがた

隔絶　かけ離れていること。遠く隔たっていること

「神が天地をお造りになった話」　昭和十一年三月創刊の初心者向け月刊誌『光の泉』誌に掲載された著者の童話。後に『ひかり物語集』『谷口雅春童話集4魔法の鼻物語』に収録された

りになった話」という童話《どうわ》に、神は最初《さいしょ》は「眼《め》」であったと書いておいたことがあります。弥勒菩薩《みろくぼさつ》の示した明浄荘厳《みょうじょうしょうごん》の大楼閣《だいろうかく》の世界《せかい》も、それは「観《かん》の世界」であるから、「大楼観《だいろうかん》」と呼《よ》ばれているのであります。

「どうしたら菩薩《ぼさつ》は菩薩行《ぼさつぎょう》を学《がく》することが出来《でき》、どうしたら菩薩道《ぼさつどう》を修《おさ》めることが出来ますか」という善財童子《ぜんざいどうじ》の問《とい》に対《たい》して、弥勒菩薩《みろくぼさつ》は、「今是《いまここ》、明浄荘厳《みょうじょうしょうごん》の大楼観《だいろうかん》に入《い》れ」と言った。私は「今是《いまここ》」を「いま、此処《ここ》」と振仮名《ふりがな》したのであって、その明浄荘厳《みょうじょうしょうごん》の実相世界《じっそうせかい》は「今《いま》、此処《ここ》」にあるのであるが、観《み》なければあらわれないのであります。尤《もっと》も、「今是《いまここ》」を「いま、この」と読んでも同じ意味《いみ》であります。「この」というのは眼前最《がんぜんもっと》も近きところにある事物《じぶつ》を直指《じきし》する言葉であるから、いずれにせよ、眼前今《がんぜんいま》ここにこの明浄荘厳《みょうじょうしょうごん》の楼観《ろうかん》があるのであります。それは観《み》ればあらわれる。明浄荘厳《みょうじょうしょうごん》の実相世界《じっそうせかい》を、今ここに体験《たいけん》するには「観《かん》」をかえるほか仕方《しかた》がない。右手の一弾指《だんし》は、すなわち隻手《せきしゅ》の声《こえ》であり、声なき声を聴《き》き、五官《ごかん》

直指　比喩や遠回しの言い方をせず、直接、端的にそのものを示すこと

隻手の声　禅宗の公案。両手を打つと音が出るが、片手にはどんな音があるかを問う。本全集第五十二巻「随喜篇」上巻第一章三八頁参照

に視《み》えざるものを視《み》なければならぬ。一弾指《だんし》によって弥勒楼観《みろくろうかん》の門がひらいたとは、隻手《せきしゅ》の声、声なき声をきいて、観《み》る心が転回《てんかい》したことであります。

するとそこには、広大荘厳《こうだいしょうごん》なる世界《せかい》があらわれています。

「その時《とき》、善財《ぜんざい》、楼観《ろうかん》を観察《かんさつ》するに、広大無量《こうだいむりょう》なること猶《なお》し虚空《こくう》の如《ごと》し、衆々《もろもろ》の宝《たから》を地《じ》となし、無数阿僧祇《むすうあそうぎ》の窓《まど》があり、その欄干《おばしま》などは七宝《しっぽう》をもって合成《ごうせい》されている。無数阿僧祇《むすうあそうぎ》の幡幢《ながればた》は天蓋《てんがい》をもって荘厳《しょうごん》に飾《かざ》られている……」およそその光景《こうけい》は、既出《きしゅつ》の大荘厳重閣講堂《だいしょうごんじゅうかくこうどう》の光景と同じであります。この荘厳極《しょうごんきわ》まりなき美しき世界が今《いま》此処に永遠に存在《そんざい》するのでありますけれども、釈迦《しゃか》の十大弟子《だいでし》にさえ観《み》えなかったのであります。この今《いま》・此処《ここ》・永遠《えいえん》の世界に入《い》るよりほかに生死《しょうじ》を踏断《とうだん》し、五道輪廻《ごどうりんね》の苦趣《くしゅ》を超越《ちょうえつ》する道《みち》はないのであります。これを如実《にょじつ》に観《み》るためには「観《かん》」を転回しなければならない。仏教《ぶっきょう》にいろいろの観法《かんぽう》があり観行《かんぎょう》があるのはそのためであります。生長《せいちょう》の家《いえ》でも、神想観《しんそうかん》を行《ぎょう》じ、ディバイン・サイエンス(Divine

猶し…如し　まるで…のようだ

阿僧祇　数えられないほどの大きな数

天蓋　仏像や礼盤、棺などの上にかざすきぬがさ

既出　すでに示されていること。本書九七頁参照

踏断　踏み越えること

ディバイン・サイエンス　神癒科学。米国の光明思想家ヘンリー・ヴィクター・モルガンが創始。谷口雅春監輯・谷口清超著『世界光明思想全集』第八、九冊に「ディヴァイン・サイエンスの解説」がある

Science）でも黙想《もくそう》（Meditation）を行《おこな》うのであります。これが唯一《ゆいいつ》の生死踏断《しょうじとうだん》、久遠生命把握《くおんせいめいはあく》の道《みち》なのであります。

六

一切《いっさい》の持金剛者《じこんごうしゃ》は、皆悉《みなことごと》く集会《しゅうえ》せり。（『大日経《だいにちきょう》』）

頭注版㊴一七四頁

さて、話は『大日経《だいにちきょう》』の如来加持広大金剛法界宮殿《にょらいかじこうだいこんごうほっかいきゅうでん》にかえりますが、そこには諸々《もろもろ》の菩薩《ぼさつ》のほかに「一切の持金剛者が皆ことごとく集会《しゅうえ》した」とあるのであります。中央《ちゅうおう》に大日如来《だいにちにょらい》、その獅子座《ししざ》としての諸菩薩《しょぼさつ》があり、四《し》周《しゅう》に無限《むげん》の持金剛者が綺羅星《きらぼし》の如《ごと》く雲集《うんじゅう》している荘厳《しょうごん》なる光景《こうけい》を御想像下《ごそうぞうくだ》さい。これが実相世界《じっそうせかい》であります。金剛《こんごう》というのは、如来《にょらい》の智慧《ちえ》の象徴《しょうちょう》であり、如来《にょらい》の智慧《ちえ》は無数《むすう》でありますから、金剛《こんごう》の数《かず》も無数であり、それを持《じ》

綺羅星の如く　明るいものや立派な人が数多く並んでいることの例え
雲集　雲のように多く集まること

する者《もの》即《すなわ》ち、如来《にょらい》の智慧《ちえ》の表現《ひょうげん》であるところの持金剛者（執金剛《しゅうこんごう》とも謂《い》う）も無数《むすう》であります。執金剛《しゅうこんごう》は具体的《ぐたいてき》、図像的《ずぞうてき》にあらわせば如来《にょらい》の智剣《ちけん》をもって如来《にょらい》を守護《しゅご》するような形《かたち》であらわれている、かの金剛力士《こんごうりきし》の如《ごと》き者でありますが、すべて実相界《じっそうかい》にある景観《けいかん》、菩薩《ぼさつ》、執金剛等《しゅうこんごうとう》は悉《ことごと》くこれ如来《にょらい》の神《じん》変不可思議智力《ぺんふかしぎちりき》の表現《ひょうげん》であります。

謂《い》わゆる三時《じ》を越《こ》えたる如来《にょらい》の日《ひ》、加持《かじ》の故《ゆえ》に身《しん》・語《ご》・意《い》、平等句《びょうどうく》の法門《ほうもん》なり。（『大日経《だいにちきょう》』）

その集会《しゅうえ》の時《とき》は現象時間《げんしょうじかん》を超越《ちょうえつ》した時でありますから、その時をば「謂《い》わゆる三時［註《ちゅう》、過《か》・現《げん》・未《み》の三時］を越えたる如来《にょらい》の日」と表現されているのであります。だからそれは何時《いつ》という特定《とくてい》の時はない、今《いま》・此処《ここ》・そのままに「如来《にょらい》の日」であり、“Eternal Now”（永遠《えいえん》の今）であります。一行阿《いちぎょうあ》

執金剛　執金剛神の略。二神一対で寺門などを守護する仁王

法門　仏の教え。仏法

一行阿闍梨　唐代の僧。真言密教の伝授者。『大日経』を師の善無畏と共に漢訳した

闍梨《じゃり》の『大日経疏《だいにちきょうしょ》』第《だい》一には「この実相《じっそう》の日《ひ》は円明常住《えんみょうじょうじゅう》にして、湛《たん》たること虚空《こくう》の如《ごと》く、時分脩短《じふんしゅうたん》の異《い》あることなし」とあります。今《いま》・此処《ここ》・すぐ、観《かん》を転《てん》ずれば、即《すなわ》ち実相世界《じっそうせかい》の弥勒《みろく》の広大楼閣《こうだいろうかく》に入《い》ることが出来《でき》るのであります。その観《かん》を転ずるにはどうすれば好《よ》いかが問題《もんだい》なのであります。それには、身《からだ》と語《ことば》と意《こころ》との三業《ごう》が一致《いっち》することが必要《ひつよう》なのであります。真言《しんごん》では、これを三密相応《さんみつそうおう》といっております。吾々《われわれ》は身語意《しんごい》を三《みっ》つに分けて考えますけれども、本来《ほんらい》、如来《にょらい》の生命《せいめい》に於《お》いては、身《しん》・語《ご》・意《い》は同時《どうじ》、同処《どうしょ》、本来一体《いったい》の存在《そんざい》でありますから、「身語意平等《しんごいびょうどう》」といったのでありまして、吾々《われわれ》に於《お》いては、本来「一」であるところの身語意《しんごい》を分けて考える、そこでそれを一度《ど》分けて考えて一《ひと》つにまとめる。即《すなわ》ち身《み》に如来《にょらい》の姿《すがた》を行《ぎょう》じ、口に真実言《しんじつごん》を誦《ず》し、意《こころ》に如来《にょらい》のことばを念《ねん》じて、三者一如一体《じゃいちにょいったい》(三密相応《さんみつそうおう》)になるとき、如来《にょらい》の加持《かじ》の念波《ねんぱ》がそこに実現《じつげん》し、この身《み》このまま自分《じぶん》が如来《にょらい》と一体となる、即《すなわ》ち即身成仏《そくしんじょうぶつ》を獲《う》るということになるのであります。

『大日経疏』 『大日経』の根本注釈書。一行阿闍梨が『大日経』を漢訳した際に師の善無畏が講述した注釈を筆録した。空海によって日本に伝えられ、真言密教の理論書として重視されている

円明 月や日がまるくてかげりがなく、明るいこと

常住 時間の流れにかかわりなく、常に存在すること

湛 澄んで静かなさま

脩短 長短

七

毘盧遮那如来《びるしゃなにょらい》は、加持《かじ》の故《ゆえ》に、身無尽荘厳蔵《じんむじんしょうごんぞう》を奮迅《ふんじん》し示現《じげん》す。
（『大日経《だいにちきょう》』）

　これは毘盧遮那如来《びるしゃなにょらい》が獅子奮迅三昧《ししふんじんざんまい》に入《い》り給《たま》い自内証《じないしょう》の実相荘厳《じっそうしょうごん》の身《み》を示現《じげん》したまうたことであります。これを註釈《ちゅうしゃく》して『大日経疏《だいにちきょうしょ》』には「毘盧《びる》遮那《しゃな》は、普《あまね》く十方一切世界《じっぽういっさいせかい》に於《おい》て、一々《いちいち》に皆仏《みなほとけ》の加持身《かじしん》を現《げん》じたまう。この一々の身《み》に、各々《おのおの》十仏刹《ぶっせつ》・微塵数等《みじんじゅとう》の菩薩《ぼさつ》・金剛《こんごう》の大衆《たいじゅ》あり、この諸大衆《しょたいじゅ》の諸根《しょこん》・相好《そうごう》も、亦復《またまた》無辺《むへん》あり、胡麻油《ごまゆ》の如《ごと》く、法界《ほっかい》に遍満《へんまん》し、中《なか》に於《おい》て空隙《くうげき》の処《ところ》なし」と示されております。如来《にょらい》の加持身《かじしん》（衆生《しゅじょう》を護念《ごねん》したまう愛の念波《ねんぱ》の具現《ぐげん》たる方便身《ほうべんしん》）は無量無限《むりょうむげん》でいたるところにその姿《すがた》をあらわして

頭注版㊴一七六頁

示現　神仏がいろいろな姿となって現れること

自内証　自己の内心の悟り

微塵数　細かく砕かれたもののように数多いこと。はかり知れない数

諸根　眼や耳など、感覚器官である五根、または意根を含めた六根。肉体、感覚器官、精神作用などのさまざまな機能

相好　仏の容貌の特徴「三十二相八十種好」より、顔かたち

空隙　すきま。間隙

具現　具体的に実際に現れること

おられるのでありますが、それは境《きょう》(心境《しんきょう》)を異《こと》にする者《もの》には見えないのでありま す。仏《ほとけ》はそのまま此処《ここ》にましまして、そしてどこにでもましますのであります。『華厳経《けごんぎょう》』にも「坐《ざ》を立たずして夜摩天宮《やまてんぐう》にのぼり給《たま》う」とあります。或《あ》る時《とき》、除蓋障菩薩《じょがいしょうぼさつ》が仏《ほとけ》の身《み》の量《おおい》さを知ろうと欲《おも》って、大目犍連《だいもくけんれん》をしてそれを測量《そくりょう》させたという話が『大日経疏《だいにちきょうしょ》』第《だい》一に書いてあります。大《だい》目犍連《もくけんれん》は色界初禅天《しきかいしょぜんてん》の最上層《さいじょうそう》にある上梵宮《じょうぼんぐう》まで昇《のぼ》って往《い》って、如来《にょらい》の姿《すがた》を観《み》たが、依然《いぜん》として、毘盧遮那仏《びるしゃなぶつ》は眼《め》の前《まえ》におられる。そして仏身《ぶっしん》の威儀《いぎ》、説法《せっぽう》の音声《おんじょう》等《とう》は依然として少しもかわりがない。目連尊者《もくれんそんじゃ》は、ほかの仏《ほとけ》の国土《こくど》まで、神通力《じんずうりき》の限《かぎ》りを尽《つ》くして遠く遠くまで詣《いた》って、如来《にょらい》の姿を見たが、如来《にょらい》はやっぱり眼《め》の前におられる。どこまで往《い》っても如来《にょらい》の身量《しんりょう》は無限《むげん》であって測量することが出来《でき》ない。そこで、「除蓋障菩薩《じょがいしょうぼさつ》、即《すなわ》ち自《みずか》ら往《ゆ》いて観《かん》察《さつ》す。十方《じっぽう》の各々如恒河沙《おのおのにょごうがしゃ》の(ガンジス河《がわ》の沙《すな》の数《かず》ほどの無限の)世界《せかい》を過《す》ぎて、皆如来《みなにょらい》を見たてまつるに(如来《にょらい》はそのまま)坐《ざ》を立たずして、法《ほう》を演説《えんぜつ》

まします　いらっしゃる

除蓋障菩薩　阿弥陀仏の眷属とされる八大菩薩のうちの一菩薩

大目犍連　本書一〇〇頁の「目犍連」に同じ

色界初禅天　色界の四禅天の最初の段階の天。色界は三界のうちの欲界の上の天で禅定を修する者が生まれるとされる世界

威儀　重々しく威厳のある立ち居振る舞い

目連尊者　目犍連・大目犍連。「尊者」は知徳を備えた仏弟子の敬称

したまう。乃至《ないし》、周《あまね》く十方《じっぽう》を極《きわ》め、その神通勢力《じんずうせいりき》を尽《つく》せども、亦復《またまた》是《かく》の如《ごと》し」とあります。これは毘盧遮那如来《びるしゃなにょらい》が宇宙《うちゅう》の根本生命《こんぽんせいめい》として、遍《あまね》く一切処《いっさいしょ》に満《み》ちたまうキリスト教《きょう》の神《ゴッド》と同一《どういつ》の存在《そんざい》であり給《たま》うことを示しているのであります。吾々《われわれ》は宗派《しゅうは》の名辞《めいじ》を異《こと》にするからといって如来《にょらい》を対立的《たいりつてき》な存在だと思ってはならないのであります。

　是《かく》の如《ごと》く語意平等《ごいびょうどう》の無尽荘厳蔵《むじんしょうごんぞう》を奮迅示現《ふんじんじげん》し給《たま》う。毘盧遮那仏《びるしゃなぶつ》の身《み》より、或《あるい》は語《ご》、或《あるい》は意《い》生《しょう》ずるに非《あら》ず、一切処《いっさいしょ》に起滅《きめつ》すること辺際不可《へんざいふか》得《とく》なり。(『大日経《だいにちきょう》』)

　かくの如《ごと》く毘盧遮那如来《びるしゃなにょらい》は、無尽無限《むじんむげん》の広大荘厳《こうだいしょうごん》なる身《み》を示現《じげん》したまうのであるけれども、それは、身《しん》・語《ご》・意《い》・平等一如《びょうどういちにょ》の無尽無限広大荘厳《むじんむげんこうだいしょうごん》の働《はたら》きであって、吾々《われわれ》のように口から語《ことば》が出て、脳髄細胞《のうずいさいぼう》の振動作用《しんどうさよう》で意《こころ》が出

名辞　言葉に表された概念

起滅　物事が起こることと滅びること

辺際　これ以上ないという限界。はて。かぎり

るというように、身《からだ》からその言葉や意《こころ》が出来《でき》るのではない。毘盧遮那如来《びるしゃなにょらい》の身《からだ》のあるところ即《すなわ》ち語《ことば》あり、意《こころ》ありであって、如来《にょらい》の身《からだ》と語《ことば》と意《こころ》とは、法界《ほっかい》に一如平等《いちにょびょうどう》に充満《じゅうまん》しているのであって、その辺際《かぎり》はないのだというのであります。

また、執金剛《しゅうこんごう》・普賢《ふげん》・蓮華手菩薩等《れんげしゅぼさつとう》の像貌《ぞうみょう》を現《げん》じて、普《あまね》く十方《じっぽう》に於《お》いて、真言道《しんごんどう》、清浄句《しょうじょうく》の法《ほう》を宣説《せんぜい》したまう。(『大日経《だいにちきょう》』)

さきにも諸々《もろもろ》の菩薩《ぼさつ》は、如来《にょらい》の獅子座《ししざ》であって、如来《にょらい》が菩薩《ぼさつ》に於いて示現《じげん》していられるのであると申《もう》しましたが、執金剛等《しゅうこんごうとう》の金剛《こんごう》の智剣《ちけん》を以《も》って如《にょ》来《らい》を守護《しゅご》している天使《てんし》のようなはたらきをしている執金剛者《しゅうこんごうしゃ》も、悉《ことごと》く如来《にょらい》の身業《しんごう》、語業《ごごう》、意業《いごう》の三密平等《さんみつびょうどう》の示現《じげん》であるというのであります。対立者《たいりつしゃ》がないのであります。一切《いっさい》が如来《にょらい》の大生命《だいせいめい》そのものの示現《じげん》であります。如来《にょらい》

像貌　顔かたち

一元《いちげん》であります。如来《にょらい》は対立《たいりつ》がないのであります。対立は仮《か》りの相《すがた》である。対立を対立のままに包容《ほうよう》しているのであって、絶対《ぜったい》から見れば対立がない。ちょうど、人間《にんげん》の「指」のようなものである。「指」そのものから見れば、拇指《おやゆび》と人差指《ひとさしゆび》と中指《なかゆび》というふうに対立している。けれども人間のいのち自身《じしん》から見れば、拇指《おやゆび》も人差指《ひとさしゆび》も中指も自分そのものであって対立がないのであります。衆生《しゅじょう》というものは、この一《ひと》つ一つの指みたいなものである。「指」同士《どうし》では互《たがい》に対立している。衆生同士《しゅじょうどうし》では互《たがい》に対立している。しかし、その指一つ一つは悉《ことごと》く、自分のいのちの自己表現《じこひょうげん》であり、自己顕現《じこけんげん》であり、自己活動《じこかつどう》であります。このように如来様《にょらいさま》からいえば、衆生一人一人《しゅじょうひとりひとり》は如来《にょらい》御自身《ごじしん》の自己実現《じこじつげん》である、自己表現である、自己活動であるのであります。ここに今《いま》、我《われ》に、如来《にょらい》が生きているのであります。われの生命《いのち》が如来《にょらい》なのであります。如来《にょらい》がここに生きているのであります。それを自覚《じかく》するのが悟《さと》りでありますが、それをみずから眼《め》を蔽《おお》って顧《かえり》みて他《た》を思うのが迷《まよ》いであります。

而《しか》も毘盧遮那《びるしゃな》の一切《いっさい》の身業《しんごう》と、一切の語業《ごごう》と、一切の意業《いごう》とは一切処《いっさいしょ》と一切時《いっさいじ》とに、有情界《うじょうかい》に於《お》て、真言道句《しんごんどうく》の法《ほう》を宣説《せんぜい》し給《たま》う。(『大日経《だいにちきょう》』)

とありますように、宇宙大生命《うちゅうだいせいめい》たる毘盧遮那《びるしゃな》の身業《しんごう》(身《み》を現《げん》ずる業《ナリ》――鳴《ナ》り――コトバ)及《およ》び語業《ごごう》(語《ことば》のナリ)及《およ》び意業《いごう》(心のナリ)は一切処《いっさいしょ》、一切時《いっさいじ》、一切《いっさい》有情(註《ちゅう》、生きとし生けるもの)に現《げん》に鳴《な》り響《ひび》いている。その鳴り響いていることを、宣説《せんぜい》したまうというのであります。それは、真《まこと》の言《コトバ》であり、宇宙《うちゅう》にミチる道《コトバ》の句《く》でありますから「真言道句《しんごんどうく》の法《ほう》」というのであります。

これを要《よう》するに、如来《にょらい》は一切処《いっさいしょ》、一切時《いっさいじ》、一切有情《いっさいうじょう》の内《うち》に、その生命《いのち》の業《ナリ》が、法《ノリ》が、コトバが鳴り響いているというのであります。自分《じぶん》の内《うち》に宿《やど》る如《にょ》来《らい》、この身このまま此処に活きている如来(即身成仏《そくしんじょうぶつ》)を自覚《じかく》せよというの

有情界　心の働きをもつ一切のものの世界

が、真言密教《しんごんみっきょう》の教義《きょうぎ》であり、ハードマンの神学及《しんがくおよ》び心理学《しんりがく》に私が紹介《しょうかい》しました「爾《なんじ》に宿《やど》るキリスト」の信仰《しんこう》に酷似《こくじ》するものが密教《みっきょう》であり、この信仰によって現世利益《げんぜりやく》を招来《しょうらい》すること、密教及《およ》びハードマンのキリスト教《きょう》に於《お》いて、同一《どういつ》なるを見るのであります。そして宇宙《うちゅう》の大生命《だいせいめい》たる本体《ほんたい》は、

又現《またげん》じて執金剛《しゅうこんごう》・普賢菩薩《ふげんぼさつ》・蓮華手菩薩等《れんげしゅぼさつとう》の像貌《ぞうみょう》となり、普《あまね》く十方《じっぽう》に於《お》いて、真言道《しんごんどう》、清浄句《しょうじょうく》の法《ほう》を宣説《せんぜい》したまう。(『大日経《だいにちきょう》』)

のであります。執金剛《しゅうこんごう》の説明《せつめい》は既《すで》に致《いた》しましたが、普賢菩薩《ふげんぼさつ》というのは、ただ一人《ひとり》の人間《にんげん》のような形《かたち》の菩薩《ぼさつ》だとお考えになると間違《まちがい》であります。『大日《だいにち》経疏《きょうしょ》』第《だい》一には「普《ふ》は是《こ》れ遍一切処《いっさいのところにあまねき》の義《ぎ》。賢《けん》は是《こ》れ最妙善《さいみょうぜん》の義也《ぎなり》。菩提心所起《ぼだいしんしょき》の願行《がんぎょう》、及《およ》び身《しん》・口《く》・意悉《いことごと》く皆平等《みなびょうどう》にして一切処《いっさいしょ》に遍《へん》ぜり。純一妙善《じゅんいつみょうぜん》にして備《つぶ》さに衆徳《しゅとく》を具《ぐ》す」とあります。換言《かんげん》すれば、毘盧遮那如《びるしゃなにょ》

ハードマン Harvey S.Hardman　メンタル・サイエンスの指導者。昭和二十四年に来日して著者と共に講演した。米国での講演記録の邦訳に昭和二十八年、日本教文社刊、谷口雅春監修、松田午三郎・関口野薔薇共訳『幸福への門』がある

ハードマンの神学及び心理学　谷口雅春著『世界光明思想全集』第四冊「ハードマン神学の解説」、同第五冊「ハードマンの心理学」を指していると思われる

酷似　きわめてよく似ていること

現世利益　現実生活でお蔭を得ること

招来　招き寄せること

妙善　言葉で言い表せないほどすばらしいさま

衆徳　多くのいろいろな徳

具す　備わっている

来《らい》の一切《いっさい》の処《ところ》に普《あまね》く満《み》つるところの妙善《みょうぜん》の徳《とく》そのものを人格的《じんかくてき》に表現《ひょうげん》したものであります。『観普賢菩薩行法経《かんふげんぼさつぎょうほうきょう》』には、普賢菩薩《ふげんぼさつ》は、六牙《りくげ》の白象上《びゃくぞうじょう》の如意宝珠《にょいほうじゅ》の宝座《ほうざ》の上に坐《ざ》し給《たま》うとありますが、これは六神通自在《じんずうじざい》の如意自在《にょいじざい》の菩薩《ぼさつ》であるという象徴《しょうちょう》であります。客観的《かっかんてき》には如来《にょらい》の加持護法《かじごほう》の方便身《ほうべんしん》でありますが、一切の処《しょ》に普《あまね》く満《み》ち給《たま》うのですから、超越内在神《ちょうえつないざいしん》として吾々《われわれ》の内《うち》にもましますのであります。吾々一人一人《われわれひとりひとり》が普賢菩薩《ふげんぼさつ》なのであります。これが密義《みつぎ》であり、密教《みっきょう》であるのであります。吾々《われわれ》がこのまま成仏《じょうぶつ》することを体証《たいしょう》するには、吾々自身《われわれじしん》が普賢菩薩《ふげんぼさつ》であることを内観《ないかん》しなければならないのであります。『法華経《ほけきょう》』には如来《にょらい》の寿命《じゅみょう》は久遠《くおん》であることを説《と》き、人間《にんげん》もまた如来《にょらい》の生命《いのち》と等《ひと》しくして異《こと》なることなしと説かれているのでありますが、その実相《じっそう》を実現《じつげん》する観行法《かんぎょうほう》として、『法華経《ほけきょう》』の結行《けつぎょう》の経《きょう》として『観普賢菩薩行法経《かんふげんぼさつぎょうほうきょう》』に「昼夜《ちゅうや》六時《じ》に普賢菩薩《ふげんぼさつ》を観《かん》ぜよ」ということが示されているのであります。花を観《かん》ずる心は、その心が花自体《はなじたい》となる。普賢菩《ふげんぼ》

六牙の白象　普賢菩薩が乗る六つの牙をもった白い象

宝座　仏や菩薩の像などの台座の美称

六神通　六種の神通力。神足通・天眼通・天耳通・他心通・宿命通・漏尽通

体証　真理をきわめ体験して悟ること

内観　自分の体験や意識などを自ら観察すること

結行の経　中心的な教えを述べた本経の結びとなる経典（結経）。『法華経』は開経『無量義経』、本経『妙法蓮華経』、結経『観普賢菩薩行法経』の三部から成る

昼夜六時　昼夜を六分した念仏や読経などの時刻。晨朝（じんじょう）・日中・日没（にちもつ）・初夜・中夜・後夜（ごや）

薩《さつ》を観《かん》ずる心は普賢菩薩《ふげんぼさつ》となるのであります。人間《にんげん》の心は衆生《しゅじょう》を観《み》れば衆《しゅ》生《じょう》となり、仏《ほとけ》を観《み》れば仏《ほとけ》となる。人《ひと》の罪《つみ》を観《み》れば、みずから自分《じぶん》が罪人《つみびと》となる。衆生界《しゅじょうかい》をのみ観《み》ているからまことにイザコザの争闘《そうとう》多き世界《せかい》を実現《じつげん》するのであります。それには争《あらそ》い多き衆生界《しゅじょうかい》を観《み》てはならない。観《かん》の転回《てんかい》が必要《ひつよう》なのであります。善財童子《ぜんざいどうじ》が、弾指《だんし》のうちに弥勒楼観《みろくろうかん》の門がひらいてその中《なか》に忽然転入《こつねんてんにゅう》してしまったのも「観《かん》」の力《ちから》によるのであります。

次に蓮華手菩薩《れんげしゅぼさつ》というのは右手に未敷《みふ》の蓮華《れんげ》を持ちたまう観世音菩薩《かんぜおんぼさつ》のことであります。これは普賢菩薩《ふげんぼさつ》が毘盧遮那如来《びるしゃなにょらい》の理徳《りとく》の表現身《ひょうげんしん》であるに相《あい》対《たい》して、慈悲《じひ》の徳《とく》の表現《ひょうげん》であります。『大日経《だいにちきょう》』に、執金剛《しゅうこんごう》と普賢菩薩《ふげんぼさつ》と観世音菩薩《かんぜおんぼさつ》との三聖者《せいじゃ》を先《ま》ず引出《ひきだ》して来たのは、毘盧遮那如来《びるしゃなにょらい》の諸徳《しょとく》はこの三聖者の中《うち》にすべて包摂《ほうせつ》せられるからであります。実相《じっそう》の妙善《みょうぜん》は普賢菩《ふげんぼ》薩《さつ》をもって代表《だいひょう》せられ、迷《まよ》いを降伏《ごうぶく》する智慧《ちえ》の力は執金剛《しゅうこんごう》をもって代表せられ、慈悲抜苦《じひばっく》の徳《とく》は観世音菩薩《かんぜおんぼさつ》によって代表せられるのでありますが、

転入　仏教語。ある状態や境界から転じて他へと移り進むこと

未敷の蓮華　花がまだ咲かないつぼみの状態の蓮華。仏道の修行中であってまだ悟りを開くに至らない地位である菩薩が持つ

包摂　包み込むこと

降伏　悪魔や煩悩などを鎮めること

抜苦　人々の苦しみを除き去ること

それらは衆生救済《しゅじょうきゅうさい》のために、衆生《しゅじょう》の性質欲望等《せいしつよくぼうとう》に対《たい》して色々《いろいろ》の相《すがた》をもって応化身《おうけしん》として顕《あらわ》れたまうのでありますけれども、実《じつ》は超越内在神《ちょうえつないざいしん》として吾々《われわれ》のうちに内在《ないざい》し給《たま》うのであります。だから執金剛《しゅうこんごう》も、普賢菩薩《ふげんぼさつ》も、観《かん》世音菩薩《ぜおんぼさつ》も、みな人間自身《にんげんじしん》の心の中《うち》にあるのであります。自分《じぶん》が執金剛《しゅうこんごう》であり、普賢菩薩《ふげんぼさつ》であり、観世音菩薩《かんぜおんぼさつ》であります。しかしそう信《しん》じ得《え》ない人《ひと》のために加持身《かじしん》として、仮《か》りに吾々《われわれ》から離《はな》れた第《だい》三者《しゃ》の如《ごと》き姿《すがた》をもって顕《あらわ》れ給《たま》うのであります。さてその執金剛《しゅうこんごう》の中《うち》では秘密主《ひみつしゅ》と呼《よ》ばれる者《もの》が最上座《さいじょうざ》であります。

応化身　仏や菩薩が人々を救うために、時や人に応じて色々なものに姿を変えて現れた身

八

頭注版㊴一八二頁

その時《とき》に、執金剛秘密主《しゅうこんごうひみつしゅ》は、彼《かれ》の衆会《しゅえ》の中《うち》に於《お》いて、坐《ざ》して仏《ほとけ》に白《もう》して言《もう》さく、如何《いか》んが如来《にょらい》は一切智智《いっさいちぢ》を得《え》たまうや。彼《か》れ一切智智《いっさいちぢ》を得《え》

衆会　説法の集まり

て、無量《むりょう》の衆生《しゅじょう》の為《ため》に、広演《こうえん》し分布《ぶんぷ》して、種々《もろもろ》の趣《しゅ》と、種々《もろもろ》の性欲《しょうよく》とに随《したが》って、種々《もろもろ》の方便《ほうべん》をもって、一切智智《いっさいちぢ》を宣説《せんぜい》したまう。(『大日経《だいにちきょう》』)

一切智智《いっさいちぢ》というのは薩婆若那《サルバジャーナ》(Sarvajuāna)の訳《やく》であって、一切《いっさい》智中《ちちゅう》の智《ち》という意味《いみ》、最上最高《さいじょうさいこう》の智《ち》であって、一切諸法《いっさいしょほう》を知悉《ちしつ》する智慧《ちえ》であり、同《どう》時《じ》に如来《にょらい》自証《じしょう》の実相智《じっそうち》であります。一切諸法というのは、経験上《けいけんじょう》のあらゆる事象《じしょう》、現象界《げんしょうかい》の事々物々《じじぶつぶつ》及《およ》び、概念《がいねん》の中《なか》での諸々《もろもろ》の思想《しそう》等一切《とういっさい》を引《ひっ》くるめていうのであります。

さて、秘密主《ひみつしゅ》と如来《にょらい》との間《あいだ》に問答《もんどう》がはじまったのでありますが、これは仮《か》りに問答のすがたをとっておりますが、如来《にょらい》の自証《じしょう》の秘密蔵《ひみつぞう》の真理《しんり》を、秘密《ひみつ》主《しゅ》が、その智慧《ちえ》の剣《けん》をもって解剖《かいぼう》してそれを明《あきら》かにしたものであって、或《あ》る意味《いみ》からいえば、この『大日経《だいにちきょう》』は一種《いっしゅ》の創作《そうさく》であります。実際《じっさい》、大日如《だいにちにょ》来《らい》と秘密主《ひみつしゅ》とが問答しているのを速記《そっき》して録《ろく》したものでは無論《むろん》ないのであ

知悉　知りつくすこと
自証　自らの力で真理を悟ること

ります。弘法大師《こうぼうだいし》は、即身成仏説《そくしんじょうぶつせつ》の所依《しょえ》の経典《きょうてん》たる『大日経《だいにちきょう》』及《およ》び『金《こん》剛頂経《ごうちょうきょう》』を指《さ》して、「龍猛菩薩《りゅうみょうぼさつ》が南天《なんてん》の鉄塔《てっとう》の中《なか》より涌出《ようしゅつ》する所《ところ》の如来秘《にょらいひ》密蔵《みつぞう》の根本《こんぽん》なり」と『教王経開題《きょうおうきょうかいだい》』に於《お》いて開題《かいだい》しておられるのであります。では南天鉄塔《なんてんてっとう》とは何《なん》であるかと言うと、大師《だいし》は「この塔《とう》は人力所為《じんりきしょい》に非《あら》ず、如来神力所造《にょらいじんりきしょぞう》なり」(『広付法伝《こうふほうでん》』)と言っておられるのであって、これによれば南天の鉄塔は客観界《かっかんかい》の存在《そんざい》たる「心外事塔《しんがいじとう》」ではなく、それを悟《さと》った人《ひと》の心内《しんない》の存在即《すなわ》ち「心内事塔《しんないじとう》」であるのであります。だからこの鉄塔を龍猛菩薩《りゅうみょうぼさつ》(龍樹菩薩《りゅうじゅぼさつ》)が開《ひら》いてそれを伝えたということは、龍樹自身《りゅうじゅじしん》が、毘《び》盧遮那仏《るしゃなぶつ》(宇宙大生命《うちゅうだいせいめい》)の心内《しんない》の鉄塔即《すなわ》ち金剛不壊《こんごうふえ》の実相界《じっそうかい》をひらいて、その実相のコトバを伝えたということなのであります。これは龍樹菩薩《りゅうじゅぼさつ》が、龍宮海《りゅうぐうかい》に出入《でいり》して『華厳経《けごんきょう》』を持《も》ち来《きた》ったというのと同意《どうい》です。南天の鉄塔と謂《い》い、龍宮海と謂《い》うといえども、いずれも実相世界《じっそうせかい》のことであって、その実相のコトバを直観《ちょっかん》して表現《ひょうげん》したことを、南天の鉄塔にそれを得《う》ると

『金剛頂経』『大日経』と共に真言密教の二大経典の一つ。『大日経』が胎蔵界を説き、胎蔵界曼荼羅のもととなる経典であるのに対して、『金剛頂経』は金剛界を説き、金剛界曼荼羅のもととなる経典

龍猛菩薩　本書六一頁の龍樹菩薩の真言密教に於ける名。鉄塔の扉を開いて『金剛頂経』を授けられたことが密教の伝来の始まりとされる

南天　南天竺

涌出　わき出ること

『教王経開題』　空海著。不空三蔵が漢訳した『金剛頂一切如来真実摂大乗現証大教王経』の題目を解説した書物

開題　その経典の題目の説明をすることによって経典の解説を行う書物。空海は多数の開題を著した

人力所為　人間の力で建てたもの

いい、又龍宮海《またりゅうぐうかい》にそれを獲《と》るというのであります。龍樹《りゅうじゅ》は仏滅後《ぶつめつご》六、七百年後頃《ねんごころ》に出現《しゅつげん》した人《ひと》でありますが、当時《とうじ》、大乗仏教《だいじょうぶっきょう》の経典《きょうてん》は閻浮提《えんぶだい》（地《ち》球《きゅう》）上《じょう》になかったと申《もう》しますから、大乗仏教は龍樹菩薩《りゅうじゅぼさつ》の創作《そうさく》であるともいえますが、釈迦《しゃか》といい、龍樹《りゅうじゅ》といい、すべてこれらの諸聖者《しょせいじゃ》は毘盧遮那仏《びるしゃなぶつ》の応化《おうけ》の加持身《かじしん》でありますから、ひっくるめて、「仏教《ぶっきょう》」という名によって呼《よ》ばるべきでありまして、歴史上考証《れきしじょうこうしょう》によって、肉体《にくたい》の釈尊《しゃくそん》が大乗仏教を説《と》かなかったからと言いましても、大乗非仏説論《だいじょうひぶっせつろん》をとなえる必要《ひつよう》はないのであります。この事《こと》は、すべての人間《にんげん》は、その実相《じっそう》に於《お》いて悉《ことごと》く毘盧遮那如《びるしゃなにょ》来《らい》の顕現《けんげん》であるという前述《ぜんじゅつ》の真理《しんり》がわかれば、自己《じこ》の実相に内在《ないざい》する「鉄《てっ》塔《とう》」又《また》は「龍宮《りゅうぐう》」の門をひらく事により、そこに密厳《みつごん》の金剛世界《こんごうせかい》にいる自《じ》分自身《ぶんじしん》の実相がわかるのです。実相に於《お》いては自分自身が執金剛《しゅうこんごう》であり、普賢菩薩《ふげんぼさつ》であり、観世音菩薩《かんぜおんぼさつ》であるということが判《わか》るのであります。その実相は五官《ごかん》には密《かく》されているところの秘密荘厳《ひみつしょうごん》の世界《せかい》でありますから実相世《じっそうせ》

『広付法伝』 空海撰『秘密漫荼羅教付法伝』の別名

直観 心の眼で物事の本質を直接とらえること

考証 古い事物について実証的に研究すること

大乗非仏説論 仏典を歴史的に考察し、大乗仏教が釈迦の説いた教えではないとする論

界《かい》を「密厳《みつごん》の世界《せかい》」というのであります。それを開示《かいじ》した教《おし》えが密教《みっきょう》であります。だから龍樹《りゅうじゅ》が南天《なんてん》の鉄塔《てっとう》をひらいて持《も》ち来《きた》った『金剛頂経《こんごうちょうきょう》』や『大日経《だいにちきょう》』等《とう》に於《お》ける毘盧遮那如来《びるしゃなにょらい》と秘密主等《ひみつしゅとう》との問答《もんどう》は、龍樹菩薩《りゅうじゅぼさつ》自身《じしん》の自内証《じないしょう》の真理《しんり》を対話的《たいわてき》に表現《ひょうげん》したものであります。

九

若《も》し衆生《しゅじょう》有《あ》りて、応《まさ》に仏《ほとけ》をもって度《ど》すべき者《もの》には、即《すなわ》ち仏身《ぶっしん》を現《げん》じ、或《あるい》は声門《しょうもん》の身《しん》を現じ、或《あるい》は、縁覚《えんがく》の身《しん》を現じ、或《あるい》は、菩薩《ぼさつ》の身《しん》、或《あるい》は梵天《ぼんてん》の身《しん》、或《あるい》は那羅延《ならえん》・毘沙門《びしゃもん》の身《しん》、乃至《ないし》、摩睺羅伽《まごらか》・人《にん》・非人等《ひにんとう》の身《しん》をもって、各々《おのおの》に、彼《かれ》の言音《ごんおん》に同《どう》じて威儀《いぎ》に住《じゅう》したまう。

（『大日経《だいにちきょう》』）

頭注版㊴一八五頁

縁覚 一人で悟りをひらき、それを他人に説こうとしない聖者。声聞の上、菩薩の下に位置する

那羅延 仏法を守る神。大力であることから寺門を守る金剛力士とされた

毘沙門 甲冑をまとって仏法を守る四天王の一。多聞天。日本では七福神の一人でもある

摩睺羅伽 仏法護持の八部衆の一。人身蛇首の神。摩睺羅王

非人 人間ではないの意。鬼神や夜叉などが人の姿形をかりて現れたもの

ここに一切宗教《いっさいしゅうきょう》が一《ひと》つの毘盧遮那如来《びるしゃなにょらい》の教化《きょうげ》の方便《ほうべん》として色々《いろいろ》の菩薩《ぼさつ》や宗祖《しゅうそ》に化身《けしん》して法《ほう》を説《と》きたまうものだという万教帰一《ばんきょうきいつ》的《てき》な龍樹《りゅうじゅ》の宗教観《しゅうきょうかん》があらわれているのであります。しかも或《あ》る宗祖が、（それが釈迦《しゃか》であろうと、イエスであろうと）教《おし》えを説いて、それを聴聞《ちょうもん》した人々《ひとびと》が救《すく》われるのは如何《いか》にして可能《かのう》であるかといいますれば、それは、すべての衆生《しゅじょう》の生命《いのち》の本質《ほんしつ》は、如来《にょらい》の生命《いのち》の本質と、本来同如一体《ほんらいどうにょいったい》であるからであります。即《そく》身成仏《しんじょうぶつ》が可能であるのは、その本質が凡仏一体《ぼんぶついったい》であることによってのみであります。如来《にょらい》と衆生《しゅじょう》とでさえ本来一体であるのに、すべての宗祖と宗祖とが一体でないという立場《たちば》に立って宗派争《しゅうはあらそ》いするなどということは実《じつ》に愚《おろ》かなことだといわなければならないのであります。

如来《にょらい》の心に自悟《じご》せられた境界《きょうがい》が密厳の極楽浄土であるならば、衆生《しゅじょう》も自《じ》覚《かく》すれば極楽浄土《ごくらくじょうど》が実現《じつげん》しなければならぬのに、それが実現しないのは、観ないためである。観《かん》を転回《てんかい》しさえすれば、衆生《しゅじょう》と仏《ほとけ》と本来一体であるこ

宗祖　宗教の一宗一派を開いた人

化身　人々を教化救済するために人の姿となって現れた仏

自悟　みずから悟ること

とがわかる、すなわち即身成仏《そくしんじょうぶつ》であることがわかるのであります。だから、

而《しか》も此《こ》の一切智智《いっさいちぢ》の道《みち》は一味《いちみ》なり、謂《いわ》ゆる如来《にょらい》の解脱味《げだつみ》なり。
（『大日経《だいにちきょう》』）

と示されているのであります。『大日経疏《だいにちきょうしょ》』第《だい》一に「経《きょう》に（『大日経《だいにちきょう》』のこと）皆同一味《みなどういつみ》なり、謂《いわ》ゆる如来《にょらい》の解脱味《げだつみ》なりという。然《しか》る所以《ゆえん》は、一切衆生《しゅじょう》の色身《しきしん》の実相《じっそう》は、本際《ほんざい》より已来《このかた》、常《つね》に毘盧遮那《びるしゃな》の平等智身《びょうどうちしん》なり、これ菩提《ぼだい》を得《う》るときに、強《あなが》ちに諸法《しょほう》を空《くう》じて、法界《ほっかい》と成《な》さしむるに非《あら》ず。仏《ほとけ》は平等《びょうどう》の心地《しんじ》より、無尽荘厳蔵《むじんしょうごんぞう》の大曼荼羅《だいまんだら》を開発《かいほつ》し已《おわ》りて、還《かえ》って用《もち》いて、衆生《しゅじょう》の平等心《びょうどうしん》の無尽荘厳蔵《むじんしょうごんぞう》の大曼荼羅《だいまんだら》を開《かい》し給《たま》う」と解釈《かいしゃく》しておられるのであります。即《すなわ》ち如来《にょらい》は自身本具《じしんほんぐ》の諸仏《しょぶつ》を金剛界大曼荼羅《こんごうかいだいまんだら》の荘厳《しょうごん》なる相《すがた》にあ

色身　物質的な形をもった身。肉身
本際　人々がこの世に出現した始原
強ち　必ずしも
大曼荼羅　密教で、仏や菩薩を一定の枠の中に配置して図示したもの。金剛界曼荼羅・胎蔵界曼荼羅などがある
開発　あらわして教え導くこと

らわして、それを還《かえ》って用《もち》いて、衆生《しゅじょう》の実相《じっそう》たる仏《ほとけ》の種子《しゅし》を開発《かいほつ》せられようというのでありまして、ここに金剛界《こんごうかい》の諸仏《しょぶつ》は大悲胎蔵界《だいひたいぞうかい》の諸仏として吾々《われわれ》の内部《ないぶ》に宿《やど》って、吾々《われわれ》の仏種《ぶっしゅ》を長養《ちょうよう》せられるのであります。毘盧遮那《びるしゃな》の自証《じしょう》せられた金剛法界《こんごうほっかい》の相《すがた》は、衆生内在《しゅじょうないざい》の諸仏の世界胎蔵界《せかいたいぞうかい》――曼荼羅《まんだら》――と「一」にして不可分《ふかぶん》なのであります。

だから鏡《かがみ》に照《て》らされて、自分自身《じぶんじしん》の姿《すがた》が明《あきら》かになるように、本尊《ほんぞん》の大日如来《だいにちにょらい》の光《ひかり》に照らされて衆生内在《しゅじょうないざい》の実相たる「仏《ほとけ》」が開示《かいじ》されて即身成仏《そくしんじょうぶつ》を得《う》るのであります。

十

それならばその即身成仏《そくしんじょうぶつ》を得《う》るのには実践上《じっせんじょう》どうしたら好《よ》いか。これは度々申上《たびたびもうしあ》げるのでありますが、既《すで》に人間《にんげん》が仏《ほとけ》である実相が顕《あらわ》れないでいる

仏種　仏となるための種。仏性

長養　養い育てること

頭注版㊴一八七頁

のは「観《み》ない」からであり、「心に思念《しねん》しない」からであります。観《み》ることは見《あら》わすことであり、思うことはそれを形《かたち》に創造《そうぞう》することであります。実に於いて錦繍《きんしゅう》の褥《しとね》の上に眠《ねむ》っていても、心がそれを見ず、乞食《こじき》をして弊衣《へいい》をまとうて、さ迷《まよ》うていることを心に観《かん》じ、心に思えば、実際《じっさい》その人《ひと》は、夢中に於いて貧《まず》しき弊衣《へいい》の生活《せいかつ》を体験《たいけん》するに過《す》ぎないのであります。吾々人間《われわれにんげん》が、貧しき、病《や》み、老い、生滅《しょうめつ》する肉体《にくたい》として、さ迷うているのは、「五官《ごかん》」という夢中に於いて、さ迷うているのである。ひとたび夢《ゆめ》さめて自己《じこ》の実相身《じっそうしん》を見るならば、この身《み》このまま、毘盧遮那如来《びるしゃなにょらい》であり、普賢菩薩《ふげんぼさつ》であることを知るのであります。されば、弘法大師《こうぼうだいし》は、

此《こ》の生《しょう》に於《お》いて悉地《しっち》に入《い》らんと欲《おも》わば、その所応《しょおう》に随《したが》って之《これ》を思念《しねん》せよ。親《まのあた》り尊《そん》の所《みもと》に於《お》いて明法《みょうほう》を受け、観察《かんさつ》し相応《そうおう》すれば成就《じょうじゅ》を作《な》す。
（『大日経《だいにちきょう》』「真言行学処品《しんごんぎょうがくしょほん》」）

錦繍の褥　美しい立派な織物で仕立てた寝床
弊衣　着古してぼろぼろに破れた衣服
生滅　生まれることと死ぬこと
悉地　密教で、修法によって得られた悟りの境地
尊　本尊。ここでは大日如来
明法　明呪（みょうじゅ）の法の意。真言（真理の言葉）に依拠した教え

という経《きょう》の一節《せつ》をその著《ちょ》『即身成仏義《そくしんじょうぶつぎ》』に引いて、思念の必要《ひつよう》であることと、観の必要なることを説《と》いておられるのであって、思念と観とが、実相《じっそう》に相応《そうおう》すれば「悉地《しっち》」が成就《じょうじゅ》するというのであります。「悉地《しっち》」というのは梵《ぼん》音《おん》であって、「妙成就《みょうじょうじゅ》」と訳《やく》する。妙々《みょうみょう》の実相たる「本来《ほんらい》の仏《ほとけ》」を成就《じょうじゅ》するには思念と観とが必要であるというのであります。『大日経《だいにちきょう》』には「悉地《しっち》に入《い》るを成就《じょうじゅ》する」とありますが、即身成仏《そくしんじょうぶつ》という言葉はありません。龍《りゅう》猛菩薩《みょうぼさつ》の『菩提心論《ぼだいしんろん》』にのみ「即身成仏《そくしんじょうぶつ》」の語があるのであります。

龍猛菩薩《りゅうみょうぼさつ》の菩提心論《ぼだいしんろん》に説《と》かく、真言法《しんごんほう》の中《なか》にのみ即身成仏《そくしんじょうぶつ》するが故《ゆえ》に是《こ》れ三摩地《さんまじ》の法《ほう》を説く。諸教《しょきょう》の中《うち》に於《お》いて闕《けつ》して書《しょ》せず。

（『即身成仏義』）

梵音　梵語（サンスクリット語）の発音。また、梵語

『菩提心論』　本書一三三頁に引用されている『発菩提心論』の略

闕する　抜け落ちたり失われたりすること

しからば真言密教《しんごんみっきょう》で説《と》くところの即身成仏《そくしんじょうぶつ》とは如何《いか》なるものであるか。普通《ふつう》は「この父母所生身《ふぼのうんだからだ》・即証大覚位《そのままほとけとなる》」――この肉身《にくしん》のままに仏《ほとけ》になることだと考えられているのであります。しかし何故《なぜ》、人間《にんげん》が即身《そくしん》そのままで仏《ほとけ》になることが可能《かのう》であるかといえば、人間がその本質《ほんしつ》に於《お》いて仏《ほとけ》であるというよりほかに解決《かいけつ》の道《みち》はない。成仏《じょうぶつ》はこれから成る仏《ほとけ》ではなくして、已成《いじょう》の仏《ほとけ》である。已《すで》に成れる仏《ほとけ》が、ただ観と、念との作用《さよう》によって現実化《げんじつか》するのであります。古来《こらい》、この即身成仏《そくしんじょうぶつ》の意義《いぎ》を三種《しゅ》に解決するのでありますが、第一《だい》は「即《そのま》まの身《み》の成《な》れる仏《ほとけ》」であり、第二は「身《み》に即《そく》して仏《ほとけ》に成る」であり、第三は「即《すみや》かに身《み》、仏《ほとけ》と成る」であるといわれています。或《あ》る人《ひと》はこの現象《げんしょう》の肉体《にくたい》がそのまま仏《ほとけ》になり、イエスの如《ごと》く、エリヤの如《ごと》く、肉体そのままに屍骸《しがい》を遺《のこ》さず、霊化《れいか》して仏《ほとけ》そのままの神通力《じんずうりき》を現《げん》ずるのだと信じており、弘法大師《こうぼうだいし》などは、土《つち》の定《じょう》（土中《どちゅう》の壕舎《ごうしゃ》に於《お》いて禅定《ぜんじょう》す）に入《い》って屍《しかばね》を遺《のこ》さず、今《いま》も日本全国《にっぽんぜんこく》を遍歴《へんれき》して衆生《しゅじょう》を救済《きゅうさい》していられるのであり、

已成の仏　すでに仏となった者

エリヤ　Elijah『旧約聖書』「列王紀上」第十七～十九章、第二十一章等に記された紀元前九世紀頃のイスラエルの預言者。英雄的預言者として終末の時に再来すると信じられた。『新約聖書』「マタイ伝」第十七章にイエスによって再来が語られている

霊化　霊的なものに化すること

壕舎　敵の襲撃に備えて地面を掘り下げて作った部屋。防空壕。穴ぐら

禅定　雑念を払い、絶対の境地に達するための瞑想

一年《ねん》一回《かい》その着衣《ちゃくい》の取換《とりかえ》が行《おこな》われる際《さい》、前年《ぜんねん》の着衣《ちゃくい》は行脚《あんぎゃ》のために摺《す》り切《き》れてボロボロになっていると伝えられ、又《また》信ぜられており、その着衣の一片《ぺん》を「おころも」と称《しょう》して信者《しんじゃ》に分与《ぶんよ》し、信者はそれを服《の》めば腹痛《はらいた》が治《なお》るなどと伝えられているのであります。私は事《こと》の真偽《しんぎ》は知りませぬが、そういう意味《いみ》で、屍体《したい》を遺《のこ》さず、全肉体《ぜんにくたい》が霊化《れいか》し、仏身化《ぶっしんか》してしまうことが即身成仏《そくしんじょうぶつ》ならば、弘法大師《こうぼうだいし》はいざ知らず、それ以後《いご》の真言宗《しんごんしゅう》の大徳《だいとく》ひとりも即身成仏《そくしんじょうぶつ》した人《ひと》のあるのを聞かないのであり、況《いわ》んや、真言宗の唯《ただ》の信者が即身成《そくしんじょう》仏《ぶつ》するなどということは、不可能《ふかのう》だといわなければならないのであります。不可能の教《おし》えを、弘法大師《こうぼうだいし》ともあるものが説《と》くはずがないのでありまして、即身成仏《そくしんじょうぶつ》とは「肉体《にくたい》そのままが仏身化《ぶっしんか》する」のではないことは明《あきら》かであります。それでは、

若《も》し人《ひと》、仏慧《ぶつえ》を求めて、菩提心《ぼだいしん》に通達《つうたつ》すれば、父母所生身《ふぼしょしょうしん》に、速《すみや》か

行脚　僧侶が諸国を歩き回ること

真言宗　平安時代に唐で密教を学んだ空海を開祖として立教された日本仏教の一つ。大日如来を本尊とし、『大日経』と『金剛頂経』を根本経典とする

大徳　徳の高い僧

況んや　まして。なおさら

仏慧　仏の智慧

に大覚位《だいかくい》を証《しょう》す。(弘法大師《こうぼうだいし》『即身成仏義《そくしんじょうぶつぎ》』)

とあるのは如何《いか》に解《かい》すべきでありましょうか。『大日経《だいにちきょう》』に於《お》いて、毘盧遮《びるしゃ》那如来《なにょらい》と金剛手秘密主《こんごうしゅひみつしゅ》との問答《もんどう》の中《なか》にこう書いてあります――

秘密主《ひみつしゅ》よ、云何《いか》んが菩提《ぼだい》とならば。謂《いわ》く、実《じつ》の如《ごと》く自心《じしん》を知るなり。

(『大日経《だいにちきょう》』)

そうすれば菩提心《ぼだいしん》に通達《つうたつ》するということは「実《じつ》の如《ごと》く自心を知る」ことなのであります。「自心」というこの「心《こころ》」、脳髄《のうずい》から発《はっ》する単《たん》なる精神作用のことではなく、物心《ぶっしん》のよって以《も》って発《はっ》する根源《こんげん》であるところの物心を超《ちょう》越《えつ》した「本心《ほんしん》」又《また》は「実相《じっそう》」のことであります。脳髄から発生《はっせい》する精神作用《せいしんさよう》は、環境《かんきょう》に応《おう》じて動いてやまないものでありますから、そんな心で、湛然《たんねん》

大覚位を証す　仏の悟りの境地を得ること

湛然　水を充分にたたえたさま。静かで動かないさま

円満《えんまん》なる「本心《ほんしん》」又《また》は「実相《じっそう》」を知ることは出来《でき》ない。そこでかかる現象《げんしょう》的《てき》な精神作用《せいしんさよう》を一時《いちじ》おさめて、実相円満《じっそうえんまん》の相《すがた》のみを心に描《えが》いて観《かん》ずるようにしなければならないのであります。不空三蔵訳《ふくうさんぞうやく》の『発菩提心論《ほつぼだいしんろん》』には、

一切衆生《いっさいしゅじょう》は、本有《ほんぬ》の薩埵《さった》［菩薩《ぼさつ》］なれども貪瞋癡《とんじんち》の煩悩《ぼんのう》の為《た》めに、縛《ばく》せらるるが故《ゆえ》に、諸仏《しょぶつ》の大悲《だいひ》は、善巧智《ぜんぎょうち》を以《もっ》て、此《こ》の甚深秘密《じんじんひみつ》の瑜伽《ゆが》［精神統一《せいしんとういつ》］を説《と》いて、修行者《しゅぎょうしゃ》をして、内心《ないしん》の中《うち》に於《お》いて、日月輪《じつげつりん》を観《かん》ぜしむ。此《こ》の観《かん》を作《な》すに由《よっ》て、本心を照見《しょうけん》するに、湛然《たんねん》として清浄《しょうじょう》なること、猶《なお》し満月《まんげつ》の光《ひかり》の虚空《こくう》に遍《へん》じて、分別《ふんべつ》する所無《ところな》きが如《ごと》し。亦《また》は無《む》覚了《がくりょう》と名《なづ》け、亦《また》は浄法界《じょうほうかい》と名《なづ》け、亦《また》は実相般若波羅蜜海《じっそうはんにゃはらみつかい》と名《なづ》く。能《よ》く種々《もろもろ》の無量《むりょう》の珍宝三摩地《ちんぽうさんまじ》を含《がん》すること、猶《なお》し満月《まんげつ》の潔白分明《けっぱくぶんみょう》なるが如《ごと》し。何《な》んとなれば、為《いわ》く一切有情《いっさいうじょう》は、悉《ことごと》く普賢《ふげん》の心を含《がん》せり。

（龍樹《りゅうじゅ》『発菩提心論《ほつぼだいしんろん》』）

不空三蔵　インド出身の唐代の僧。インドより多くの仏典を唐に持ち帰り、『金剛頂大教王経』『理趣経』等、多くの密教経典を漢訳した

『発菩提心論』『金剛頂瑜伽中発阿耨多羅三藐三菩提心論』の略。龍猛菩薩（龍樹菩薩）の著で不空三蔵による漢訳と伝えられる。禅定による即身成仏を説く。真言宗では行者必須の論書

貪瞋癡　三つの煩悩である三毒。貪欲・瞋恚（しんに）・愚痴。むさぼること、怒ること、愚かなこと

善巧智　仏や菩薩の巧みな方便の智慧

瑜伽　瑜伽三密。修行者の身口意の三密が仏や菩薩の身口意の三密と合致すること

日月輪　日輪と月輪の意。太陽と月

無覚了　すべての知覚や分別を完全に離れること

とあるのであって、脳髄的《のうずいてき》な動乱《どうらん》の心を摂《せっ》して、湛然平等《たんねんびょうどう》の心になるために日輪又《にちりんまた》は月輪《げつりん》の円満《えんまん》な虧《か》くることなき姿《すがた》を方便《ほうべん》に観《かん》ずる、観《かん》じているうちに、脳髄《のうずい》の現象的心《げんしょうてきこころ》が静まってくると、「本心《ほんしん》」が内部《ないぶ》から満月《まんげつ》の射《さ》しのぼる如《ごと》くあらわれて来て、その姿は、一定《いってい》の肉体《にくたい》のような有限身《ゆうげんしん》ではなくして、虚空《こくう》に遍《へん》ずる無相《むそう》の姿であるということが自覚《じかく》されて来るというのであります。そこで毘盧遮那如来《びるしゃなにょらい》は自証《じしょう》の境涯《きょうがい》を秘密主《ひみつしゅ》に説明《せつめい》して、

秘密主《ひみつしゅ》よ、是《こ》の阿耨多羅三藐三菩提《あのくたらさんみゃくさんぼだい》は、乃至《ないし》、彼《か》の法《ほう》として少分《しょうぶん》も得《う》べきこと有《あ》ることなし。何《なに》を以《も》っての故《ゆえ》に。虚空《こくう》の相《すがた》は是《こ》れ、菩提《ぼだい》なり。知解《ちかい》の者《もの》も無《な》く、開暁《かいぎょう》のものも無《な》し。何《なに》を以《もっ》ての故《ゆえ》に。菩提《ぼだい》は無《む》相《そう》なるが故《ゆえ》に。（『大日経《だいにちきょう》』）

浄法界　けがれのない真理の領域

摂する　正す。ととのえる

虧く　日や月がかけること

無相　姿かたちのないこと

知解　知識や智慧によってさとること。「ちげ」とも読む

開暁　明らかに知ること

と言っていられるのであります。

阿耨多羅三藐三菩提心《あのくたらさんみゃくさんぼだいしん》というのは略《りゃく》して、菩提心《ぼだいしん》、又《また》は菩提《ぼだい》といい、通俗《つうぞく》に「仏《ほとけ》のさとり」といい、意味《いみ》を漢訳《かんやく》して「無上正遍智《むじょうしょうへんち》」などというのでありますが、「吾《わ》れほとけなり」の自覚《じかく》のことであります。その「ほとけのさとり」というのはどんなものじゃ、示して欲《ほ》しいと言われても、それは示しようがない。「少分《しょうぶん》も得《う》べきこと有《あ》ることなし」であって、少しもこれはこうだと捉《とら》えて示しようがないというのであります。虚空《こくう》のように形《かたち》がないから示しようがないというのであります。しかも捉《とら》えることが出来《でき》ないというのは、単《たん》に「形がないから」だけではないのであって、捉《とら》えるということは、「捉《とら》えるもの」と「捉《とら》えられるもの」との対立《たいりつ》がなければならない。「知解《ちかい》する者《もの》」と「知解されるもの」との対立がなければならない。「暁《さとり》を開《ひら》くもの」と「さとられる暁《さとり》」との対立がなければならない。ところが、そういう相対精神《そうたいせいしん》は脳髄《のうずい》のはたらきであって、常《つね》に動揺《どうよう》し変易《へんえき》する心である。

通俗　専門的でなく、誰にもわかるさま

変易　移り変わること

そういう心を滅《めっ》したときに、「本心《ほんしん》」即《すなわち》「実相《じっそう》」の満月《まんげつ》が空にのぼって、満《まん》天《てん》が自然《しぜん》にあかるくなって来るように明るくなってくる。それが無相《むそう》であって、「悟《さと》る心」と「悟られる対象《たいしょう》」とが滅《めっ》して、相対《そうたい》が滅《めっ》して絶対《ぜったい》そのものになる。絶対は無相である。即身成仏《そくしんじょうぶつ》とは形《かたち》あるところの「父母所生身《ふぼしょしょうしん》・即《そく》無相身《むそうしん》」と悟ることである。父母所生身《ふぼしょしょうしん》が、死ぬときに肉体《にくたい》を遺《のこ》さぬというようなことではない。吾身《わがみ》は形ある肉体を現《げん》じながら、同時《どうじ》に虚空《こくう》の如《ごと》く無相だと覚《さと》ることである。「有相《うそう》」即《そのまま》「無相」であり、有限《ゆうげん》そのままで虚《こ》空《くう》の如《ごと》く法界《ほっかい》に満《み》ちわたりつつ、毘盧遮那如来《びるしゃなにょらい》と本来一体《ほんらいいったい》であるとさとる事《こと》なのである。換言《かんげん》すれば、この五尺《ごしゃく》の身体《からだ》は、この身《み》、このまま大宇宙全体《だいうちゅうぜんたい》の生命《せいめい》に無礙《むげ》に渉入《しょうにゅう》していて、有限即無限《ゆうげんそくむげん》、無限即有限《むげんそくゆうげん》であることを如実に、（脳髄知《のうずいち》のみでなく）知ることであります。自分《じぶん》の身体《からだ》が、ここにこのまま法界遍満《ほっかいへんまん》の毘盧遮那仏《びるしゃなぶつ》の身《しん》である、同時にその加持身《かじしん》たる普賢菩薩《ふげんぼさつ》の身《しん》でもあり、観世音菩薩《かんぜおんぼさつ》の身《しん》であるとわかるのが即身成仏《そくしんじょうぶつ》なのであります。その自《じ》

有相　姿や形のあるもの

五尺の身体　一五〇センチメートル余りの身体。「尺」は尺貫法の長さの単位で一尺は約三〇・三センチメートル。人間の身長を大まかに言った表現

無礙　さまたげのないさま

渉入　密接にかかわってすべてにわたること

覚《かく》たるや、「仏《ほとけ》がわが内《うち》に内在《ないざい》し宿《やど》りたまう」というような「内外《ないがい》」や、「宿る」などという二元的《にげんてき》な観念《かんねん》が完全《かんぜん》に取去《とりさ》られてしまって、五尺《しゃく》の身《しん》を現《げん》じながら物質身既《ぶっしつしんすで》になく（既《すで》になきがゆえに否定《ひてい》する必要《ひつよう》もない）無相《むそう》にして虚空《こくう》に遍満《へんまん》する「無相身無限身《むそうしんむげんしん》」を如実《にょじつ》に悟《さと》るのであります。悟る者《もの》も、悟られるものもなく、絶対覚《ぜったいかく》の境地《きょうち》に入《い》るのであります。これは華厳《けごん》のいわゆる事々無礙《じじむげ》の思想《しそう》を単《たん》に思想として理解《りかい》するというのではなく、「観《かん》」と「思《し》念《ねん》」と「コトバ」の修行《しゅぎょう》によって生命《せいめい》の体験《たいけん》としてそれを自覚《じかく》しようというのが密教《みっきょう》の行《ゆ》き方《かた》なのであります。悟る者もなく、悟られるものもない如《ごと》く、行《ぎょう》ずる者もなく、行《ぎょう》ぜられる行《ぎょう》もない。だから、『大日経疏《だいにちきょうしょ》』には「不行《ふぎょう》を以《もっ》て行《ぎょう》じ、不到《ふとう》を以《もっ》て到《いた》る。而《しか》も実《じつ》に能入《のうにゅう》のものも無《な》く、所入《しょにゅう》の処《ところ》もなし、故《ゆえ》に平等《びょうどう》と名《な》づく」とあるのであります。不行《ふぎょう》を以《もっ》て行《ぎょう》ずるとは、そのままであります。そのまま吾《わ》れは毘盧遮那《びるしゃな》であり、普賢《ふげん》であり、観《かん》音《のん》であるのであります。行《ぎょう》じてから毘盧遮那《びるしゃな》になるのではない、已成《いじょう》の仏《ほとけ》で

事々無礙　華厳宗で説く四法界の一つ。すべての物事が互いに融通してさまたげがないさま

ありますただそのままを吾々《われわれ》は失っている。そのままを取戻《とりもど》すために天台《てんだい》では止観《しかん》を行《おこな》い、真言《しんごん》では阿字観《あじかん》を行《おこな》い、生長《せいちょう》の家《いえ》では神想観《しんそうかん》を行《ぎょう》ずる。いずれも精神統一《せいしんとういつ》であります。「この身《み》」と「仏《ほとけ》」と相入《そうにゅう》の真理《しんり》で、頭《あたま》でわかるだけではなく、身につくことが必要《ひつよう》なのであります。

十一

しかしながら、我《わ》れそのまま仏《ほとけ》であるということを覚《さと》るのは、自由自在《じゆうじざい》の本性《ほんしょう》を覚《さと》るのであり、自由自在が実現《じつげん》するのでありますから、その器《うつわ》でない者《もの》に授《さず》けると、それを中途《ちゅうと》の境涯《きょうがい》に於《お》いて濫用《らんよう》する虞《おそ》れがある。だから密教《みっきょう》の秘密行法《ひみつぎょうほう》は、これを阿闍梨《あじゃり》に就《つ》いて直接《ちょくせつ》教《おし》えを受くべしとあって、容易《ようい》に伝授《でんじゅ》しないものと書かれております。生長の家の神想観《しんそうかん》の行法《ぎょうほう》でも、それを教えられて修《しゅう》すると、当初《とうしょ》何でも思うことが成就《じょうじゅ》するというの

天台　天台宗。『法華経』を根本経典とする密教の教派。日本には鑑真が初めて伝え、平安時代初期に最澄が比叡山に延暦寺を建てて日本天台宗を開創した

止観　天台密教の根本的な修行法。雑念を止めて心を静寂にし、正しい智慧を起こして対象を観ること

阿字観　真言密教の観法の一つ。満月の中に蓮華を描き、その上に書かれた阿字を念想する

相入　互いにとけ合って相和すること

頭注版㊴一九四頁

濫用　みだりに用いること

阿闍梨　真言宗・天台宗の両密教で秘法を伝授する儀式である灌頂(かんじょう)を受けた僧の称号

当初　はじめのうち

で、段々《だんだん》それを我欲《がよく》の満足《まんぞく》のために利用《りよう》しようとするようになる人《ひと》がある。するとたちまちその行力《ぎょうりき》を失ってしまって不幸《ふこう》に顛落《てんらく》する人がある。だから真言宗《しんごんしゅう》では、中々普通《なかなかふつう》の人には伝授《でんじゅ》しないのであります。

　夫《そ》れ以《おもんみ》れば、密教《みっきょう》は是《こ》れ大日如来《だいにちにょらい》の心肝《しんかん》、金剛薩埵《こんごうさった》の脳胆《のうたん》なるものなり。而《しか》るを輙《たやす》く非器《うつわでない》の者《もの》に授《さず》くれば、密教の主《しゅ》の御身《おんみ》より血を出《いだ》すの罪《つみ》あり。是《これ》を以《もっ》て昔《むかし》、大日尊《だいにちそん》、金剛薩埵《こんごうさった》に勅《ちょく》して曰《いわ》く、「非器《ひき》の者に授くべからず。若《も》し非器《ひき》の者に授くれば久《ひさ》しからず、法身《ほっしん》より血を出《いだ》すの罪自然《しぜん》に生《しょう》ずべし」といえり。又金剛薩埵《またこんごうさった》、龍猛菩薩《りゅうみょうぼさつ》に宣《のたまわ》く「伏《ふ》して以《おもんみ》れば大日如来《だいにちにょらい》は一切衆生《いっさいしゅじょう》のために密教を説《と》きたまうなり。万生《ばんしょう》の利益《りやく》を蒙《こうむ》るに非《あら》ずという事《こと》なし。但《ただ》し此法《このほう》は是《こ》れ如意宝珠《にょいほうじゅ》の喩《たとえ》の如《ごと》し。如意宝珠《にょいほうじゅ》は名号《みょうごう》は聞くことあれども実身《じっしん》を顕《あら》わさず。然《しか》れども万宝《ばんぽう》を出生《しゅっしょう》して一切衆生《いっさいしゅじょう》を利益《りやく》す。龍宮《りゅうぐう》の秘蔵《ひぞう》に存《そん》し、龍王《りゅうおう》の肝《かん》に居《きょ》すれ

行力　修行によって得た力

顛落　ころげ落ちること。転落

金剛薩埵　大日如来と衆生とを結ぶ接点の役目を担う菩薩。執金剛・秘密主とも訳す。大日如来の教えを鉄塔に収めて、後に龍猛（龍樹）菩薩に授けたとされる

大日尊　大日如来

勅す　神仏や天子が仰せになること

万生　多くの生きもの。一切の生きもの

ども輒《しばら》く身《み》を顕《あら》わさず。……密教《みっきょう》の最貴最尊《さいきさいそん》の道理《どうり》唯《ただ》し是《こ》れ然《しか》なり。是故《このゆえ》に阿闍梨耶《あじゃりや》、我能《われよ》く道《みち》を知れりと欲《おも》うて己《おの》が私《わたくし》の劣心《れっしん》に任《まか》せて、非器《ひき》の者《もの》に授《さず》くべからず。若《も》し頗《すこぶ》る証器《しょうき》の者あらば、唯《ただ》し尊法《そんぽう》を授けて、定《すす》んで彼《か》の心器《しんき》を看《み》よ。然《しか》して後《のち》に金剛界大法《こんごうかいだいほう》の一部《ぶ》を授けよ。」

（弘法大師《こうぼうだいし》、御遺告《ごいこく》）

されば真言密教《しんごんみっきょう》の秘法《ひほう》をここにハッキリ書くことは出来《でき》ないし、又《また》、筆者自身《ひっしゃじしん》も阿闍梨《あじゃり》に就《つ》いて直接《ちょくせつ》に教《おし》えを授かったわけでもない。しかし、密教《みっきょう》は果《はた》してそんなに難解《なんかい》なるものであろうか。「形《かたち》」の方《ほう》から入《はい》って行《ゆ》こうとして、印契《いんけい》の結《むす》び方《かた》や、真言《しんごん》の唱《とな》え方《かた》や、体《からだ》の浄《きよ》め方《かた》や、護摩《ごま》の焚《た》き方《かた》などを知ろうとするとこれは中々面倒《なかなかめんどう》なものであって、到底《とうてい》、文書《ぶんしょ》で書きあらわし得《う》るものではなく、直接《ちょくせつ》、阿闍梨《あじゃり》に就《つ》いて伝授《でんじゅ》を受くるほかはないし、劣器《れっき》の者《もの》には授けてももらえない。しかし、これを内観《ないかん》の方《ほう》から入《はい》って

劣心　凡夫の下劣な迷いの心

証器　さとりに到る器

遺告　入滅（釈迦や高僧の死）にあたって遺した定め。「ゆいこく」とも読む

印契　呪文を唱える時に両手の指で作るいろいろな形

真言　真言宗で唱える真理を表す言葉。陀羅尼（だらに）とも言う

護摩　真言密教の修法の一つ。本尊の前に護摩壇を設けて護摩木を焚いて祈ること

劣器　素質や能力などが生まれつき劣った者。鈍根劣器

行《ゆ》くと、「大日如来《だいにちにょらい》の心肝《しんかん》、金剛薩埵《こんごうさった》の脳胆《のうたん》」は自分《じぶん》の内《うち》にあるのであります。自分のうちに大日如来《だいにちにょらい》が、ましますならば、大日如来《だいにちにょらい》の実相《じっそう》も自分のうちにあり、大日如来《だいにちにょらい》の菩提心《さとりのこころ》もまた自分のうちに当然《とうぜん》あるべきである。ただそれを如何《いか》にしてあらわすべきかの問題《もんだい》である。それは果《はた》して肉体《にくたい》の形式《けいしき》や、勤行《ごんぎょう》の複雑《ふくざつ》な法式作法《ほうしきさほう》のうちにあるのでありましょうか。

既《すで》に、私が説《と》きましたように「成仏《じょうぶつ》はこれから成《な》る仏《ほとけ》ではなくして、既《すで》に人間自身《にんげんじしん》が已成の仏であり、已に成れる仏が、観と、念との作用《さよう》によって現実化《げんじつか》する」のでありますから、すべての形式作法儀式等《ぎしきとう》は、観と念とを調《ととの》えるための方法手段《ほうほうしゅだん》に過《す》ぎないのであります。印契《いんけい》や、儀式が成仏《じょうぶつ》するのではない。人間《にんげん》の実相が既《すで》に成仏《じょうぶつ》しているのであります。しかし、吾々《われわれ》は雑念《ざつねん》に捉《とら》えられ、翻弄《ほんろう》されて、湛然《たんねん》と澄《きよ》めるが如《ごと》き円相《えんそう》の(円満完全相《えんまんかんぜんそう》の)実相を徹見《てっけん》することが出来《でき》ない。況《いわ》んやそれを日常生活《にちじょうせいかつ》の行事《ぎょうじ》に実現《じつげん》することが出来ない。そこに何等《なんら》かの方法手段を用《もち》いて、この雑念妄想《もうぞう》を払《はら》わな

勤行　僧侶が時を定めて仏前で読経などをすること

法式　法会や儀式などの作法。きまり

翻弄　思うままにもてあそぶこと

ければならない。その方法手段《ほうほうしゅだん》が、真言秘密加持《しんごんひみつかじ》の色々《いろいろ》の行法《ぎょうほう》である。方法手段が成仏《じょうぶつ》するのではなく、既《すで》に成仏《じょうぶつ》せる者《もの》が、その方法手段によってその隠蔽《いんぺい》が撤去《てっきょ》されてあらわれるのである。しかしその途《みち》は阿闍梨《あじゃり》の直伝《じきでん》以外《い》に伝授《でんじゅ》される方法はないとしたならば、直接伝授《ちょくせつでんじゅ》を受けるよすがのない者《もの》は救《すく》われる（実相《じっそう》・成仏《じょうぶつ》の相《すがた》があらわれる）道《みち》はないのだろうか。そうすればほとんどすべての人間《にんげん》は救われないことになります。これが大日如来《だいにちにょらい》の御心《みこころ》でありましょうか。私は、それに対《たい》して否《いな》と答えなければならない。そのような複雑《ふくざつ》な修法儀式《しゅほうぎしき》に随《したが》わねば人間がすくわれないというようでは、多くの凡夫《ぼんぷ》は救われる道はない。そこで親鸞聖人《しんらんしょうにん》のような大徳《だいとく》があらわれて、ただ「南無阿弥陀仏《なむあみだぶつ》」と唱《とな》えることによって救われるというような実《じつ》に簡単《かんたん》な方法で、「救われないという雑念《ざつねん》」を除去《じょきょ》するような宗　教《しゅうきょう》も発明《はつめい》されたわけなのであります。そしてそれまでの宗教が修法《しゅほう》や儀式を尊重《そんちょう》するのを指《さ》して「雑行雑修《ぞうぎょうざっしゅ》」として「難解難入《なんかいなんにゅう》」の道として、凡夫《ぼんぷ》にふさわしか

隠蔽　所在や真相を隠しておおうこと

よすが　手だて。方法

修法　密教の教理を実現するための修行法

親鸞聖人　承安三～弘長二年。鎌倉時代の僧。浄土宗の開祖法然の弟子。浄土真宗の開祖

雑行雑修　浄土宗、浄土真宗で用いる言葉。最も重要な念仏以外の修行をすること

難解難入　教えが理解しがたく、またその中に入りがたいこと

らざる修行《しゅぎょう》として他《た》に易行道《いぎょうどう》をひらかれたわけであります。無論《むろん》、親鸞《しんらん》聖人《しょうにん》の教《おし》えは、雑念《ざつねん》を無《な》くするために「南無阿弥陀仏《なむあみだぶつ》」ととなえるのだとはいわれない。雑念妄想《もうぞう》いかにあろうとも、如来《にょらい》の無限《むげん》の他力《たりき》によって救《すく》われるのであるという。これは催眠術《さいみんじゅつ》に於《お》ける反対暗示《はんたいあんじ》と同じことである、術者《じゅつしゃ》が「お前《まえ》は雑念をなくして出来《でき》るだけ精神統一《せいしんとういつ》しなさい、催眠状態《さいみんじょうたい》になる」と暗示《あんじ》すると、被術者《ひじゅつしゃ》はこうしたら雑念がとれるだろうか、こうしたら精神統一出来るだろうか、こんなことで催眠状態になれるだろうかと色々《いろいろ》思い迷《まよ》って却《かえ》って精神《せいしん》が乱《みだ》れて催眠状態に入《い》ることが出来ない。かかる被術者に対《たい》して術者はどう言うかと言えば、「雑念はいくら起《おこ》しても好《よ》い、雑念を起《おこ》せば起《おこ》すほどこの催眠術は感応《かんのう》しやすくなるのでる。いくら反抗《はんこう》しても反抗しても反抗するほど催眠術にかかり易《やす》くなる。術者《じゅつしゃ》の力《ちから》は、雑念が多くなればなるほどそれに随《したが》ってどれだけでも眠《ねむ》らす力が一層《いっそう》強くなる。そーら、眠くなった！」（反抗者催眠法《はんこうしゃさいみんほう》の一例《れい》）と暗示すれば、却《かえ》って「雑《ざつ》

易行道　仏教語。念仏によって容易に極楽浄土に導かれると説く教え。他力門、浄土門とも言う

他力　自分の力ではなく阿弥陀仏の力に頼ること

被術者　手術や催眠術などを受ける者

念《ねん》を起《おこ》すまい」とする雑念がなくなり、精神《せいしん》が統一《とういつ》して催眠状態《さいみんじょうたい》に速《すみや》かに入《い》るのである。それと同じように「如来《にょらい》の力《ちから》はどれほどあるかわからない大きなお力である」（「術者《じゅつしゃ》は無限《むげん》の催眠力《さいみんりょく》を有《も》っている」という暗示《あんじ》と同じ）「どんなに罪《つみ》がある者《もの》でも、雑念《ざつねん》がいくらあっても救われる」（「どんなに雑念があっても、そんな事《こと》はどうでも好《よ》い眠《ねむ》くなる」という術者の暗示に等《ひと》し）「善人《ぜんにん》なおもて往生《おうじょう》す。況《いわ》んや悪人《あくにん》をや」（「雑念のある者ほど催眠状態に入《い》り易《やす》い」という暗示に同じ）というように、反対暗示《はんたいあんじ》によって、「救《すく》われない」という雑念を却《かえ》って取去《とりさ》ってしまうことによって人間《にんげん》を成仏《じょうぶつ》させようというのが、真宗他力門《しんしゅうたりきもん》の説《と》き方《かた》なのであります。「救われない」という雑念を取去《とりさ》ってしまえば何故《なぜ》人間が成仏《じょうぶつ》するかといえば、人間は本来仏《ほんらいほとけ》だからであります。（既出《きしゅつ》、「一切衆生《いっさいしゅじょう》は本有《ほんぬ》の薩埵《さった》なれども、貪瞋癡《とんじんち》の煩《ぼん》悩《のう》の為《た》めに縛《ばく》せられるが故《ゆえ》に、諸仏《しょぶつ》の大悲《だいひ》は、善巧智《ぜんぎょうち》を以《もっ》て、此《こ》の甚深秘《じんじんひ》密《みつ》の瑜伽《ゆが》を説《と》いて、修行者《しゅぎょうしゃ》をして、内心《ないしん》の中《うち》に於《お》いて日月輪《じつげつりん》を観《かん》ぜしむ。

往生　極楽浄土に生まれ変わること

真宗　浄土真宗。鎌倉時代初期に法然の弟子親鸞によって立てられた浄土宗の一派。阿弥陀仏による救済、他力本願を宗旨とする

他力門　阿弥陀仏が立てた衆生を救う本願の力によって救われると説く教え。浄土宗や浄土真宗など

既出　すでに示されていること。本書一三三頁参照

……一切《いっさい》の有情《うじょう》は、悉《ことごと》く普賢《ふげん》の心を含《がん》せり」――龍樹《りゅうじゅ》『発菩提心論《ほつぼだいしんろん》』を参《さん》照《しょう》せよ。）又《また》、弘法大師《こうぼうだいし》の『一期大要秘密集《いちごたいようひみつしゅう》』にも、

凡《およ》そ心あるものは、皆本覚《みなほんがく》（もとよりさとれる）の大日如来《だいにちにょらい》、阿閦如来《あしゅくにょらい》、宝生如来《ほうしょうにょらい》、弥陀如来《みだにょらい》、不空如来《ふくうにょらい》の五智《ち》一百八智《ち》、乃至《ないし》、十仏刹微塵数等《ぶっせつみじんじゅとう》の無数《むすう》の智仏《ちぶつ》、無数の理仏《りぶつ》を具《ぐ》して一衆生《しゅじょう》として成仏《じょうぶつ》せざるものなし、ことごとく勧《すす》めて当《まさ》に菩提心《ぼだいしん》を発《おこ》さしむべし。故《ゆえ》に論《ろん》に云《い》わく「応《まさ》に知るべし。一切有情《いっさいうじょう》は皆如来蔵《みなにょらいぞう》の性《しょう》を含《がん》じて皆無上菩薩《みなむじょうぼさつ》に安住《あんじゅう》するに堪任《かんにん》せり、この故《ゆえ》に二乗《じじょう》の法《ほう》を以《もっ》て得度《とくど》せしめず」といえり。

（『一期大要秘密集《いちごたいようひみつしゅう》』）

とあるのであります。

されば法華《ほっけ》の三部経《ぶきょう》の一《ひと》つたる『観普賢菩薩行法経《かんふげんぼさつぎょうほうきょう》』に於《お》いては、普賢《ふげん》

『一期大要秘密集』　覚鑁（かくばん）著。病気となった真言行者の臨終時の心構えや行法を説いた著作。覚鑁は空海（弘法大師）より三世紀ほど後の平安時代末期の真言宗の僧で新義真言宗の派祖

大日如来…不空如来　密教の五智に配当される五人の如来。大日（法界体性智）・阿閦（大円鏡智）・宝生（平等性智）・阿弥陀（妙観察智）・不空成就（成所作智）の五如来

論に云わく　本書一三三頁等の龍樹菩薩著『発菩提心論』に言うところの

三部経　同じ教えを説く三部の経典。法華三部経は『無量義経』『妙法蓮華経』『観普賢菩薩行法経』

菩薩《ぼさつ》を観《かん》ぜしむるように説《と》いており、真言密教《しんごんみっきょう》では月輪《げつりん》を心に観《かん》じて、その月輪の中《なか》にある阿字《あじ》を観《かん》ぜしむるのであります。各々直伝《おのおのじきでん》の秘法《ひほう》と称《しょう》する色々《いろいろ》の儀礼《ぎれい》はあれども、「一切有情《いっさいうじょう》は悉《ことごと》く普賢《ふげん》の心を含《ふく》む」であり、「一《いっ》切衆生《さいしゅじょう》は本有《ほんぬ》の薩埵《さった》」であり、その実相《じっそう》に於《お》いて「已成《いじょう》の仏《ほとけ》」であるならば、実相は実であるから、如何《いか》なる仮相の力《ちから》よりも強力《きょうりょく》なのであるから、（雲は如何《いか》に強力であっても、月を消すことが出来《でき》ない、月を蔽《おお》うに過《す》ぎない。）仮相《かそう》に引っかかる心さえ鎮《しず》めれば、実相円満《じっそうえんまん》な姿《すがた》があらわれるのであります。そこで仮相《かそう》に引《ひっ》かかる心を捨《す》てせしめるために唯《ただ》「南無阿弥陀仏《なむあみだぶつ》」と念《ねん》ずる（浄土教《じょうどきょう》）の教《おし》えも一方法《ほうほう》であるが、心を鎮《しず》めて更《さら》に自己《じこ》に内在《ないざい》する「普賢《ふげん》の心」を観《かん》ずるために普賢菩薩《ふげんぼさつ》の姿を観法《かんぽう》によって観《かん》ずる（観普賢《かんふげん》菩薩行法《ぼさつぎょうほう》）のも一方法であり、真言密教《しんごんみっきょう》に於《お》いて、真言《しんごん》（仏《ほとけ》のコトバ・語《ご》業《ごう》）をとなえつつ、特殊《とくしゅ》の坐法《ざほう》と印契《いんけい》とをもって仏《ほとけ》の形《かたち》を外にあらわし（身《しん》業《ごう》）、更《さら》に心に月輪《げつりん》を念《ねん》じ、月輪中《げつりんちゅう》に浮《うか》ぶ阿字《あじ》を念《ねん》ずる（意業《いごう》）のも、一方法

阿字 梵語の十二母音の最初の音。事物の始まり、宇宙の根源を意味する。真言密教では万物の不生不滅の真理を象徴するものとして阿字を観ずる阿字観を行う

であります。その他《た》、修法《しゅほう》の行者《ぎょうじゃ》の行《おこな》う色々《いろいろ》の所作《しょさ》、陀羅尼《だらに》、気合《きあい》、護摩《ごま》等《とう》の複雑《ふくざつ》なる方法呪文《ほうほうじゅもん》等到底普通人《とうとうていふつうじん》の行《おこな》い難《がた》く、又《また》、筆《ふで》にて伝《つた》え難《がた》いが、人《にん》間《げん》が「已成《いじょう》の仏《ほとけ》」であり「本有《ほんぬ》の薩埵《さった》」であるという根本原理《こんぽんげんり》よりするならば、私は、唯称《ゆいじょう》「南無阿弥陀仏《なむあみだぶつ》」でも、道元《どうげん》の如《ごと》き「祇管打坐《しかんたざ》」（ただすわる）でも、法華《ほっけ》の「観普賢菩薩行法《かんふげんぼさつぎょうほう》」でも、真言密教《しんごんみっきょう》でも、何《なん》でも、悉《ことごと》くこれ「貪瞋癡《とんじんち》の煩悩《ぼんのう》」（雑念《ざつねん》の一種《いっしゅ》）を摧破《さいは》して、そのまま（実相《じっそう》）のあらわれるための善巧方便《ぜんぎょうほうべん》・秘密喩伽《ひみつゆが》であると謂《い》って好《よ》いと信ずるのであります。

十二

ここまで説《と》いて来たならば、実相《じっそう》に於《お》いて既《すで》に成仏《じょうぶつ》している自分《じぶん》を、現《げん》象《しょう》に於《お》いても成仏《じょうぶつ》せしむる道《みち》は、ただそのままの心になれば好《よ》いという事《こと》がわかるのであります。形式《けいしき》から入《い》ろうとすると難《むつ》かしく複雑であり、各宗派《かくしゅうは》

唯称　ただとなえること

摧破　破りくだいてこわすこと

善巧方便　仏が相手に合わせて臨機応変に巧みに教え導くこと

頭注版㊴二〇〇頁

によって異《ことな》り、互《たがい》に秘密《ひみつ》秘密として隠蔽《いんぺい》し、封建的《ほうけんてき》に或《あ》る特殊《とくしゅ》の天分《てんぶん》のある者《もの》でないと不可能《ふかのう》であるといい、多額《たがく》の納金《のうきん》をしないと伝授不能《でんじゅふのう》であるといったりします。これではすべての人《ひと》は救《すく》われ難《がた》いのであります。民主的《みんしゅてき》な宗教《きょう》はもっと普遍的《ふへんてき》でなければならない。坐禅《ざぜん》が何人《なんぴと》にも行《おこな》われ、念仏《ねんぶつ》が何人《なんぴと》にも行われているのは、その形式《けいしき》が簡単《かんたん》であるからであります。根本原理《こんぽんげんり》さえ判《わか》れば、真言秘密《しんごんひみつ》の行法《ぎょうほう》ももっと簡単に誰《たれ》でも出来《でき》て誰《たれ》でも救われるのであると信ずるのであります。私は左記《さき》に大師《だいし》の『一期大要秘密集《いちごたいようひみつしゅう》』より阿字観《あじかん》に関《かん》する説明《せつめい》を抜萃《ばっすい》して月輪《げつりん》を観《かん》じて心を清澄《せいちょう》にし、湛然《たんねん》として清《しょう》浄《じょう》なる実相円明《じっそうえんみょう》の心を自証《じしょう》せしめる方法《ほうほう》を説《と》きたいと思うのであります。

問う「正しく之《これ》を観《かん》ずる法云何《ほういか》ん。」

答う「若《も》しは阿《あ》、若《も》しは月、之《これ》を図造《ずぞう》せよ。その形《かたち》、白珂《びゃくか》(白色《はくしょく》の珠《たま》)の色《いろ》に染《そ》めて微妙厳麗《みみょうごんれい》にして世《よ》に比類《ひるい》なくして持《じ》して浄処《じょうしょ》に懸《か》け

封建的　上下関係を重んじて個人の自由や権利を軽んずるなど、閉鎖的なさま
天分　持って生まれた性質・才能

清澄　きれいに澄みきっているさま

厳麗　おごそかで美しいさま
浄処　けがれのないきよらかな場所

よ。四尺《しゃく》ばかりを去って向《むか》って端坐《たんざ》して眼《まなこ》を開《ひら》くには下より上へ、眼《まなこ》を閉《と》ずるには上より下へ、出入《でいり》の息《いき》に随《したが》って之《これ》を観《かん》じ、之《これ》を観《み》よ。［息を静かに吸《す》うときに眼《まなこ》を開《ひら》いて円月《えんげつ》の図像《ずぞう》を下より上へと順次《じゅんじ》見《み》、息を静かに呼《は》くときに図像を上より下へと順次見《み》、息を調《ととの》え、心を静めてこれを繰返《くりかえ》して精神統一《せいしんとういつ》に入《い》るのである］此《かく》の如《ごと》く日を積《つ》むに、初心《しょしん》に見《み》難《がた》けれども、後心《こうしん》には見易《みやす》し。眼《まなこ》を閉じて向《むか》わざるに漸《ようや》く顕《あらわ》れ見え去る。若《も》し顕《あらわ》るれば図造《ずぞう》の月𠕒《がちあ》に向《むか》うなかれ。唯眼見《ただがんけん》を縁《えん》ぜよ。」［ただ眼《め》の感覚《かんかく》を縁《えん》として心を静めるのである］

四尺　約一二一センチメートル。一尺は約三〇・三センチメートル

ただこれだけのことなのである。説明《せつめい》は長いけれども実行《じっこう》は簡単《かんたん》であります。掛軸《かけじく》に開《ひら》いた蓮華《れんげ》の花の上に浮《うか》んでいる直径《ちょっけい》二尺《しゃくぐらい》位の円月《えんげつ》の図像《ずぞう》を描《えが》いてそれを上記《じょうき》の方法《ほうほう》で観《かん》ぜられるが好《よ》い。私などは図造の月輪《げつりん》をつくるのが面倒《めんどう》であるので、神想観《しんそうかん》の姿勢《しせい》で坐《ざ》し、瞑目合掌《めいもくがっしょう》して、ただ瞼《まぶた》の裏《うら》に、

二尺　約六〇・六センチメートル

虚空《こくう》に白蓮華《びゃくれんげ》ありて、その上に直径《ちょっけい》二尺《しゃく》位《ぐらい》の月輪《げつりん》浮《うか》ぶと観《かん》じて、それを見詰《みつ》め、その月輪《げつりん》次第《しだい》に近づいて自分《じぶん》の全身《ぜんしん》を包《つつ》むと観《かん》じ、自分の全身の雰《ふん》囲気《いき》が浄円月《じょうえんげつ》の姿《すがた》であると観《かん》じ、精神《せいしん》がやや統一致《とういついた》しましてから、「吾《わ》が雰囲気、浄月輪《じょうげつりん》なり。わが姿《すがた》、浄月輪《じょうげつりん》なり」と口のうちに、或《あるい》は心のうちに念《ねん》じて自分自身《じぶんじしん》が浄円月《じょうえんげつ》と一体《いったい》であるという観想《かんそう》の中《なか》に溶《と》け込《こ》むのであります。

かくて精神統一《せいしんとういつ》の状態《じょうたい》に入《い》りましたとき、浄円月《じょうえんげつ》の中《なか》に坐《ざ》せる自分の体《からだ》を梵字《ぼんじ》刄《あ》の形《かたち》に観《かん》ずるのであります。それは「八葉《はちよう》の白蓮一肘《びゃくれんいっちゅう》の間《かん》、刄字《あじ》素光《そこう》の色《いろ》を炳現《へいげん》す」とある弘法大師《こうぼうだいし》の阿字観《あじかん》の説明《せつめい》に因《よ》ったものであります。そして、「阿字《あじ》は大日如来《だいにちにょらい》の法身《ほっしん》なり。われは阿字《あじ》なり、大日如来《だいにちにょらい》の法身《ほっしん》なり」さて結尾《けつび》の思念《しねん》に「われ刄字《あじ》なり、大日如来《だいにちにょらい》の法身《ほっしん》なり、われに浄円月《じょうえんげつ》の雰囲気漂《ただよ》う。月の円満《えんまん》なるが如《ごと》く、自分も闕《か》くるところなし、万《ばん》徳《とく》を具足《ぐそく》し一切種智《いっさいしゅち》を円満せり」と心の中《なか》に念想《ねんそう》するのであります。

観想　心を集中して真実の姿を智慧の眼で見据えること
梵字　梵語(サンスクリット)の文字
八葉の白蓮　八枚の花弁の白い蓮華。真言密教の胎蔵界曼荼羅で中央を八弁の蓮華にかたどり、大日如来を中心に、八葉の各弁に、宝生・普賢・開敷華王・文殊・無量寿・観音・天鼓雷音・弥勒を置く
一肘　ひじの端から中指の端までの長さ
素光　月などの白い光
炳現　あきらかに輝いて現れるさま
闕くるところ　欠けて見えないところ。「闕」は太陽や月の一部が見えないこと
一切種智　完全で欠けるところのない広大無辺な仏の智慧

生長《せいちょう》の家《いえ》で行《おこな》う阿字観《あじかん》は、真言密教《しんごんみっきょう》で秘伝《ひでん》としている方法《ほうほう》とは多少相違《たしょうそうい》するかも知れませぬが、人間《にんげん》の実相《じっそう》が「已成《いじょう》の仏《ほとけ》」であるという根本真理《こんぽんしんり》からそれを実修《じっしゅう》するには、これで充分《じゅうぶん》であります。徒《いたず》らに複雑《ふくざつ》な行法《ぎょうほう》に捉《とら》われると心は惑《まど》うばかりであります。唯《ただ》、毎日実行《まいにちじっこう》して度《たび》を重ねることが必要《ひつよう》であります。こんな観想《かんそう》で菩提《さとり》が成就《じょうじゅ》するか疑《うたが》われる人《ひと》があるかも知れませぬが、弘法大師《こうぼうだいし》は『一期大要秘密集《いちごたいようひみつしゅう》』に、「何《いづ》んか観《かん》じて能《よ》く其《そ》の菩提心《ぼだいしん》を発《はっ》すや」という問《とい》に対《たい》して、

答う「文《ぶん》に云《い》わく、夫《そ》れ無上菩提《むじょうぼだい》（仏《ほとけ》のさとり）の心を発《はっ》せんと欲《おも》えば先《ま》ず深心《じんしん》を以《もっ》て仏《ほとけ》の法身《ほっしん》を観《かん》ぜよ」

と言っておられるのであります。阿字《あじ》を観《かん》ずるのは仏《ほとけ》の法身《ほっしん》を観《かん》ずるのであります。観《み》ることは見《あらわ》すことであり、自身《じしん》の心がそれになることであります。

徒らに　無駄に

深心　悟りを求める深い心

問《とい》「若《も》し爾《しか》すれば、此《こ》の三摩地《さんまじ》を修《しゅ》するものは幾《いくば》くの時分《じぶん》を歴《へ》て成就《じょうじゅ》することを得《う》るや。」

答《こたえ》「若《も》し相続《あいぞく》して修《しゅ》するに拠《よ》らば十二年《ねん》を過《す》ぎずして有相即《うそうすなわ》ち成就《じょうじゅ》し、無相《むそう》も亦漸《またようや》く現《げん》ぜん。」

問《とい》「若《も》し爾《しか》すれば唯此観《ただこのかん》を修《しゅ》して成仏《じょうぶつ》を得《う》るや。」

答《こたえ》「唯《ただ》、此観《このかん》に依《よ》って全《まった》く余習《よじゅう》なし。懈怠小機《けたいしょうき》のものも順次往生《じゅんじおうじょう》の大願《だいがん》を遂《と》げ、精進大機《しょうじんだいき》のものは現身成仏《げんしんじょうぶつ》・悉地《しっち》を得《え》ん。何《なに》をもっての故《ゆえ》に、一心《いっしん》に万行《ばんぎょう》を摂《せっ》して行《ぎょう》として行《ぎょう》ぜざること無《な》く、一観《かん》に諸観《しょかん》を含《がん》じて観《かん》として観《かん》ぜざること無《な》し。」

と、この方法《ほうほう》によって断々乎《だんだんこ》として成仏《じょうぶつ》疑《うたが》いなしと弘法大師《こうぼうだいし》は証明《しょうめい》しておられるのでありますが、十二年間相続修行《ねんかんそうぞくしゅぎょう》することを要《よう》すとあっては、若

歴る　歳月を送る

余習　煩悩を断ち切ってもまだ心に残る煩悩の影響

懈怠　修行を怠ってなまけること

小機　自己の悟りを第一とする小乗の教えを信ずる声聞(しょうもん)や縁覚(えんがく)の者

大機　多くの人々の救いを説く大乗の教えを信ずる素質のある者

い人《ひと》にはその修行《しゅぎょう》の暇《ひま》があっても臨終《りんじゅう》の近い老人《ろうじん》にはどうかと疑《うたが》われるかも知れませぬが、そんな心配《しんぱい》はありませぬ。諸君《しょくん》は「已成《いじょう》の仏《ほとけ》」であるのですから、仮相《かそう》の迷《まよ》いは、あるように見えても本来無《ほんらいな》い、無《な》いものを滅《めっ》するのに十二年間もかかるはずはないのであります。今《いま》すぐ驀直《まっしぐら》に、「われ阿字《あじ》なり、大日如来《だいにちにょらい》の法身《ほっしん》なり、われに浄円月《じょうえんげつ》の雰囲気漂《ふんいきただよ》う。月の円満《えんまん》なるが如《ごと》く、自心《じしん》も闕《か》くるところなし、万徳《ばんとく》を具足《ぐそく》し、一切種智《いっさいしゅち》を円満せり」（心《しん》月円満《げつえんまん》の観《かん》）と観《かん》ぜよ。その時《とき》、そのまま諸君は仏《ほとけ》に成《な》っているのであります。何故《なぜ》なら実相《じっそう》に於《お》いては時間《じかん》はないからであります。次に掲《かか》ぐる浄円《じょうえん》月《げつ》の十大願《だいがん》を毎日聖経読誦《まいにちせいきょうとくじゅ》の後又《のちまた》は、神想観実修《しんそうかんじっしゅう》の直後《ちょくご》に朗々《ろうろう》と誦《しょう》して、自己《じこ》の潜在意識《せんざいいしき》に、月の円満なるが如《ごと》く円満なる実相を印象《いんしょう》せられますならば、自己の雰囲気が浄化《じょうか》されて円満となり、人生《じんせい》に処《しょ》しても何事《なにごと》も都合《つごう》よく行《ゆ》くようになるのであります。

聖経　生長の家の経典。『甘露の法雨』『天使の言葉』など

浄円月《じょうえんげつ》の十大願《だいがん》

一、月の円満《えんまん》なるが如《ごと》く自心《じしん》も闕《か》くること無《な》し。吾《わ》れ万徳《ばんとく》を具足《ぐそく》し、一切種《いっさいしゅ》智《ち》を成就《じょうじゅ》せん。

二、月の潔白《けっぱく》なるが如《ごと》く自心《じしん》も浄白《じょうはく》なり、われ自性浄白《じしょうじょうはく》にして性徳円満《しょうとくえんまん》なることを実現《じつげん》せん。

三、月の清浄《しょうじょう》なるが如《ごと》く自心《じしん》も無垢《むく》なり。われ月の如《ごと》く自性清浄《じしょうしょうじょう》にして本《もと》より貪染《どんぜん》なからんことを期《き》す。

四、月の清涼《しょうりょう》なるが如《ごと》く自心《じしん》も熱《ねつ》を離《はな》れたり。われ慈悲《じひ》の水を灑《そそ》いで、瞋恚《いかり》の火を消さん。

五、月の明照《みょうしょう》なるが如《ごと》く、自心《じしん》も照朗《しょうろう》なり、われ本《もと》より無明《むみょう》を離《はな》れて光明《こうみょう》遍《あまね》く照《てら》す。

浄白　白くてけがれのないさま
性徳　万物すべてが本性として生まれつきもっている能力や性質
無垢　けがれのないこと
貪染　むさぼりの煩悩を起こすこと
期す　心に誓う。約束する
清涼　清らかで冷たくさわやかなさま
瞋恚(しんい)　怒りうらむこと。「十悪」の第九番目

六、月の独一《どくいつ》なるが如《ごと》く、自心《じしん》も独尊《どくそん》なり。われ諸仏《しょぶつ》の尊《とうと》ぶところ、万法《ばんぽう》の帰《き》する処《ところ》なり。

七、月の円満《えんまん》なるが如《ごと》く、自心《じしん》も偏《かたより》を離《はな》れたり。われ常《つね》に中道《ちゅうどう》を極《きわ》めて永く辺執《へんしつ》を越《こ》えんと欲《ほっ》す。

八、月の遅《おそ》からざるが如《ごと》く自心《じしん》も速疾《そくしつ》なり。われ秘密《ひみつ》の輪《わ》を転《てん》じて刹那《せつな》に惑《わく》を断《た》ち心を浄《じょう》に遊《あそ》ばしめん。

九、月の巡転《じゅんてん》するが如《ごと》く、自心《じしん》も無窮《むきゅう》に巡転《じゅんてん》す。われ正法《しょうぼう》の輪《わ》を転《てん》じて邪《じゃ》迷《めい》の闇《やみ》を破《は》せん。

十、月の遍《あまね》く現《げん》ずるが如《ごと》く、自心《じしん》も遍《あまね》く静かなり。われ一体《いったい》を分《わか》たずして九界《かい》の前《まえ》に現《げん》じ多身《たしん》を仮《か》らずして十方《じっぽう》の土に臨《のぞ》み一切苦厄《いっさいくやく》ある者《もの》の暗《やみ》を照《て》らさん。

（弘法大師《こうぼうだいし》の阿字円月観《あじえんげつかん》の説明《せつめい》の円月《えんげつ》の十大功徳《だいくどく》による）

独一　ただ一つあるもの

独尊　ただ一つの最も尊いもの

辺執　極端にかたよった見解。辺執見

速疾　速やかなさま

惑　迷いのもととなるもの。煩悩

無窮　果てしのないさま。無限

正法　仏教の正しい教え

九界　十界のうち、悟りの世界である仏界を除いた九つの迷いの世界。菩薩・縁覚・声聞・天上・人間・阿修羅・畜生・餓鬼・地獄

第六十三巻索引

＊頻度の多い項目は、その項目を定義、説明している箇所を主に抽出した。
＊関連する項目は→で参照を促した。
＊一つの項目に複数の索引項目がある場合は、一部例外を除き、一つの項目にのみ頁数を入れ、他の項目には→のみを入れ、矢印で示された項目で頁数を確認できるよう促した。(例　「神の心」「時間・空間」等)

〔き〕

〔く〕

〔け〕

〔こ〕

〔さ〕

〔し〕

〔す〕

〔せ〕

〔そ〕

〔た〕

〔な〕

〔に〕

〔ね〕

〔の〕

〔は〕

〔ひ〕

〔ふ〕

〔へ〕

〔ほ〕

〔ま〕

〔み〕

〔む〕

〔め〕

〔も〕

〔や〕

〔ゆ〕

〔よ〕

〔ら〕

〔り〕

〔れ〕

〔ろ〕

〔わ〕

箴言・真理の言葉

諸々の四天下の一々の閻浮提(えんぶだい)に、皆(みな)如来有(あ)りて菩提樹下(ぼだいじゅげ)に坐(ざ)したまい、顕現せざる無し。彼(か)の諸々の菩薩は、各々仏の神力を承(う)け、種々の法を説き、皆(みな)悉(ことごと)く自ら仏の所(みもと)に在(あ)りと謂(おも)えり。爾時(そのとき)世尊は、威神力(いじんりき)の故に、此座(このざ)を起ちたまわずして、須弥(しゅみ)の頂(いただき)に昇り、帝釈殿(たいしゃくでん)に向いたまえり。 73~74

夫(そ)れ以(おもんみ)れば、密教は是(こ)れ大日如来の心肝、金剛薩埵(こんごうさった)の脳胆(のうたん)なるものなり。而(しか)るを輙(たやす)く非器(うつわでない)の者に授くれば、密教の主の御身より血を出(いだ)すの罪あり。是(これ)を以て昔、大日尊、金剛薩埵(こんごうさった)に勅して日(いわ)く、「非器(ひき)の者に授くべからず。若(も)し非器の者に授くれば久しからず、法身(ほっしん)より血を出(いだ)すの罪自然に生ずべし」といえり。又金剛薩埵(こんごうさった)、龍猛菩薩(りょうみょうぼさつ)に宣(のたまわ)く「伏して以(おもんみ)れば大日如来は一切衆生のために密教を説きたまうなり。万生(ばんしょう)の利益(りやく)を蒙るに非(あら)ずという事なし。但し此法(このほう)は是(こ)れ如意宝珠の喩(たとえ)の如し。如意宝珠は名号(みょうごう)は聞くことあれども実身(じっしん)を顕わさず。然(しか)れども万宝を出生(しゅっしょう)して一切衆生を利益(りやく)す。龍宮の秘蔵に存し、龍王の肝(かん)に居(きょ)すれども輙(しばら)く身を顕わさず。……密教の最貴最尊の道理唯(ただ)し是(こ)れ然(しか)なり。是故 (このゆえ)に阿闍梨耶(あじゃりや)、我(われ)能(よ)く道を知れりと欲(おも)うて己(おの)が私(わたくし)の劣心(れっしん)に任せて、非器(ひき)の者に授くべからず。若(も)し頗(すこぶ)る証器(しょうき)の者あらば、唯(ただ)し尊法を授けて、定(すす)んで彼(か)の心器(しんき)を看(み)よ。然(しか)して後に金剛界大法の一部を授けよ。」 139~140

「天より降りし者のほか天に昇りし者なし」 39

問「若(も)し爾(しか)すれば、此の三摩地(さんまじ)を修するものは幾(いくば)くの時分を歴(へ)て成就することを得るや。」

答「若(も)し相続(あいぞく)して修(しゅ)するに拠(よ)らば十二年を過ぎずして有相(うそう)即ち成就し、無相も亦(また)漸(ようや)く現ぜん。」

問「若(も)し爾(しか)すれば唯(ただ)此観(このかん)を修して成仏を得るや。

答「唯(ただ)、此観(このかん)に依って全く余習(よじゅう)なし。懈怠(けたい)小機(しょうき)のものも順次往生の大願を遂げ、精進(しょうじん)大機(だいき)のものは現身(げんしん)成仏・悉地(しっち)を得ん。何をもっての故に、一心に万行(ばんぎょう)を摂(せっ)して行(ぎょう)として行(ぎょう)ぜざること無く、一観(いっかん)に諸観を含(がん)じて観(かん)として観(かん)ぜざること無し。」 152

問う「正しく之(これ)を観ずる法云何(いか)ん。」

答う「若(も)しは阿(あ)、若しは月、之(これ)を図造(ずぞう)せよ。その形、白珂(びゃくか)(白色の珠)の色に染めて微妙厳麗(みみょうごんれい)にして世に比類なくして持(じ)して浄処(じょうしょ)に懸けよ。四尺ばかりを去って向って端坐して眼(まなこ)を開くには下より上へ、眼(まなこ)を閉ずるには上より下へ、出入の息に随(したが)って之(これ)を観じ、之を観よ。[息を静かに吸うときに眼(まなこ)を開いて円月の図像を下より上へと順次見、息を静かに呼(は)くときに図像を上より下へと順次見、息を調(ととの)え、心を静めてこれ

新編《しんぺん》　生命《せいめい》の實相《じっそう》　第六十三巻　仏教篇《ぶっきょうへん》

いのちの解脱《げだつ》（下）

令和六年七月一日　初版発行

著　者　谷口雅春《たにぐちまさはる》

責任編集　公益財団法人 生長の家社会事業団
谷口雅春著作編纂委員会

発行者　白水春人
発行所　株式会社 光明思想社
〒一〇三—〇〇〇四
東京都中央区東日本橋二—二七—九　初音森ビル10F
電話〇三—五八二九—六五八一
郵便振替〇〇一二〇—六—五〇三〇二八

装　幀　松本 桂
本文組版　ショービ
印刷・製本　TOPPAN株式会社
カバー・扉彫刻　服部仁郎作「神像」©Iwao Hattori,1954

ISBN978-4-86700-058-8